幼儿园课程故事研究丛书 · 第四辑

南京师范大学课程研究中心组织编写

主　编

张　斌　虞永平

编写人员（按笔画排序）

马黎霞　王　玮　王晶晶　朱丽华　朱筱雯
任国锋　刘剑莺　刘　艳　阴明朕　孙灵犀
孙玲娟　邹娅娟　张庆庆　张　静　欧晓华
罗　盈　冒　萍　贾　伟　栾小慧　唐丹丹
黄　晶

“童样”生活不同样

主编　张　斌　虞永平

南京师范大学出版社

图书在版编目(CIP)数据

“童样”生活不同样 / 张斌，虞永平主编 ；南京师范大学课程研究中心组织编写. — 南京 ：南京师范大学出版社，2020.11(2022.4 重印)

(幼儿园课程故事研究丛书；第四辑)

ISBN 978-7-5651-4676-3

Ⅰ. ①童… Ⅱ. ①张… ②虞… ③南… Ⅲ. ①学前教育—课程设计 Ⅳ. ①G612

中国版本图书馆 CIP 数据核字(2020)第 124293 号

书　　名　“童样”生活不同样
丛 书 名　幼儿园课程故事研究丛书 · 第四辑
主　　编　张　斌　虞永平
组织编写　南京师范大学课程研究中心
丛书主编　张　斌　虞永平
策划编辑　张　莉　官军燕
责任编辑　官军燕
出版发行　南京师范大学出版社
地　　址　江苏省南京市玄武区后宰门西村 9 号(邮编:210016)
电　　话　(025)83598919(总编办)　83598412(营销部)　83598312(邮购部)
网　　址　http://press.njnu.edu.cn
电子信箱　nspzbb@njnu.edu.cn
照　　排　南京凯建文化发展有限公司
印　　刷　南京玉河印刷厂
开　　本　787 毫米×1000 毫米　1/16
印　　张　15.5
字　　数　229 千
版　　次　2020 年 11 月第 1 版　2022 年 4 月第 2 次印刷
书　　号　ISBN 978-7-5651-4676-3
定　　价　48.00 元

出 版 人　张志刚

序

幼儿园课程故事本质上是一种教育实践叙事，就是讲述那些以小见大、发人深省、关乎幼儿园课程建设与发展的故事。它是幼儿教师对课程实践过程中真实事件的叙述，其目的在于通过故事去体悟并阐述教育工作所蕴含的规律、原理，促进叙述主体和听众(读者)对教育现象——特别是课程问题——的深度理解与思考；是一种将客观事实呈现、主观感受体验和理性观点阐释融为一体的教育经验发现过程。

课程故事是一种回顾。其内容都来自幼儿园课程实践的点滴，教师在讲述故事的时候便是在回忆和梳理自己的课程经历，积累经验。这些内容作为对真实教育情境的再现，本身就是一笔财富。正如苏霍姆林斯基曾经说过的："我建议每一位教师都来写教育日记。教育日记并不是什么对它提出某些格式要求的官方文献，而是一种个人的随笔记录，在日常工作中就可以记。这些记录是思考和创造的源泉。那种连续记了10年、20年甚至30年的教师日记，是一笔巨大的财富。每一位勤于思考的教师，都有他自己的体系、自己的教育学修养。"虽然课程故事并不等同于教育日记，但教育日记的确是课程故事的重要基础。

课程故事是一种反思。随着教育工作的复年复日，幼儿教师的专业敏感往往会在例行公事般的幼儿园生活中被钝化，而实践叙事就是要我们去重新审视那些在幼儿园场域内看似司空见惯的细节，重新发现其中的教育意蕴，重新感受在表面平淡的教育生活背后那些不平凡的意义，从而把作为叙事者的教师自身的思维触角引向自我教育生活的深层。

课程故事是一种研究。教师从事教育研究的目的在于改善自己的教育品质，提升教育能力，更新教育观念，这就需要教师开展的研究务实、有用。而现实中却存在教师对某些观点心存疑虑却仍然"引经据典写论文"的"研究"，这显然违背了教师进行教育研究的初衷。对教师而言,讲述故事可以帮助他们积累大量的工作现场素材,反思故事能够让他们对幼儿园实践经验进行重构或重组,这个过程往往会引导叙事者或发现问题,或寻找原因,或生成对策,或形成工作思路,或得出教育规律——获得解决某些问题的更上位的经验,这才是幼儿园教师要做的研究。

课程故事是一种分享。由于课程故事的内容来源于真实情境,其所展示的现象、反映的问题往往与广大一线教师的经历如出一辙,很容易引起共鸣、激发交流。一方面,教师在叙述故事、描述问题、阐述观点的过程中要将自己的所遇、所感、所想表达出来,与志同道合的人士进行专业经验分享;另一方面,听众(读者)们可能还会就某些问题进行持续的讨论,形成共享多种观点的局面。这里,课程故事为大家分享、交流专业观点搭建了平台,提供了思路。

课程故事还是一种成长。它将教师的工作、学习和研究有机融为一体,使教师在实践思维和理论思维之间不断转换,获得更有利于其专业发展的思维模式训练,同时,还有利于增进教师对自身课程实践内涵的理解,树立正确的教育信念,建立远大的教育理想。毫不夸张地说,课程故事能够让任何一位教师实现扎实的专业成长,实现在原有水平上的进步。

南京师范大学出版社策划并出版"幼儿园课程故事研究丛书",既是对我国幼儿园课程实践现状的总结与展示,更是对生发于幼儿园课程场域的现象、经验、观点和理论的发掘和整理。其以故事的形式叙述幼儿园课程建设过程中的立场、经验、反思以及幼儿和教师的成功、喜悦、收获、苦恼、失落、决心和意志,真实地反映教育改革的背景下我国幼儿园教育发展的真实画面,让幼儿园园长和教师在轻松的阅读中有所收获。

我们希望该套丛书的价值不只停留在"讲故事"的层面,更能够激起各位读者进行专业思考的意愿和行动。套用一句老话,便是期待抛此"砖"能引来彼之"玉",能为我国幼儿园教师专业成长与幼儿教育事业品质的提升有所贡献!

张　斌　虞永平
2018 年秋

目　录

小 班

好朋友生病了

空军济南基地机关幼儿园　贾　伟　马黎霞

持续时间:2016 年 4 月至 6 月

年龄段:小班

缘　起

小班幼儿年龄小,体质弱,生病可以说是一种常见现象。《幼儿园教育指导纲要(试行)》(以下简称《纲要》)中提出:"幼儿应具有初步的安全和健康知识,知道关心和保护自己。"如何让小班的幼儿真正懂得自我保护?如何由成人的督促教育转变为幼儿的自我教育呢?我们的故事就从这样一个生活常态中悄然展开了……

问候好朋友

1. 大钧没来

每天早餐后老师都会进行点名,这天,老师点到"大钧"的时候,无人应答。

明泽:"老师,今天大钧没来,我知道大钧感冒了,他的妈妈是这样说的。"

金豆:"我都想他了,他已经好几天没有来幼儿园了。老师,咱们给大钧打个电话吧。"

果儿:"我们给大钧发个微信吧。"

其他小朋友附和:"对,我们可以从微信中看到大钧。"

甜甜:"老师,可以手机视频,我妈妈在长清,我想妈妈的时候就是用手机跟妈妈视频的。"

大家接着附和：“对啊对啊，这样我们还能看到大钧呢！咱们视频吧。”

听了孩子们的话语，老师有些吃惊，3 岁多的孩子，竟然知道可以用电话、微信、视频的方式来跟好朋友沟通了，充分说明信息社会对孩子的影响是巨大的。于是老师借助这样一个机会，让孩子们感受信息化的便利，同时也让孩子们直接向朋友表达关心和问候。

2. 问候大钧

老师拿出了手机，拨通了大钧妈妈的微信，开始了视频。

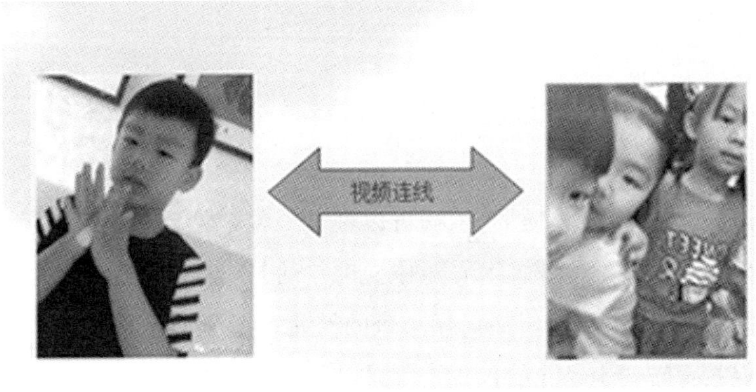

图 1　问候生病的大钧

孩子们在视频中看到了生病的大钧，纷纷问道：“大钧你怎么啦？为什么没来幼儿园？生了什么病？”

大钧：“我感冒了，发烧、咳嗽，妈妈带我去了医院，医生给我做了检查，说我的嗓子红，不能去幼儿园了。”

小朋友们：“那你要快点好起来啊。”“多喝水，好好休息。”“我们都想你了。”

在视频过程中，很多孩子都能用完整、清晰的语言表达自己的问候，内向的、略有羞涩的乐乐面对镜头时，只是微微地摆了摆手。大钧收到这么多问候非常开心，对妈妈说自己要快点好起来，要回幼儿园和好朋友在一起。

医生妈妈走进课堂

挂断视频后孩子们还在不停地讨论着，当说到“生病”这个话题的时候，孩子们太有感触了，有着说不完的感受。

淘淘：“我生病的时候感觉头很疼。”

琪琪：“对，嗓子也会哑，说不出话来。”

松松：“上次我感冒的时候，嗓子不疼，肚子很疼。”

溪溪：“老师，生病很难受，我们为什么会经常生病呢？”

素素：“我妈妈是医生，她知道。”

老师：“既然素素的妈妈是医生，我们有问题可以问她妈妈。现在就请小朋友们把问题想好，等下午离园的时候向素素妈妈请教！”

离园的时间到了，见到了素素的妈妈后，孩子们一下子围了上去：“阿姨，为什么感冒会嗓子疼？”“我们为什么会生病？”……热心的素素妈妈听到这么多问题，答应孩子们明天解释给他们听。

1. 为什么会生病

在老师的协调下，第二天，素素妈妈真的来啦！一进门，孩子们就开心地迎上去，有的牵着素素妈妈的手，有的摸着素素妈妈的白大褂，淘淘却着急地问：“阿姨，为什么小朋友总是会生病呢？”

于是，医生阿姨提到了许多引起生病的原因，如挑食、蚊子叮咬……当素素妈妈说到“机体有损伤和抵抗力下降的时候，细菌就进入到我们的身体，导致我们生病”时，恬溪说：“我的手上没有（细菌）。”

睿睿：“是啊，手白白的就没有细菌。”

小朋友们：“到底有没有细菌？”“细菌长什么样子呢？”

素素妈妈耐心地给孩子们讲解：“细菌是个躲猫猫的高手，那小朋友们猜猜它都藏在哪些地方呢？”

闪闪：“衣服上、头发上。”

如意：“手指上、手腕上、指甲里、脚上、肚子上，身上所有的地方。”

笑笑：“医生说公共场所也有很多细菌，出门不能乱摸东西。”

那细菌到底是什么样子的呢？素素妈妈出示了她带来的细菌图片。

那怎么把细菌洗掉呢？素素妈妈和小朋友们做起了小游戏，她把贴有细菌的贴纸粘在了手的各个位置，然后演示了“七步洗手法”，每洗一个部位就“消灭”掉一个细菌。在游戏中，孩子们牢牢地记住了“七步洗手法”。而且不光知道要怎么洗手，还知道了为什么要洗手，因为手上藏着细菌！

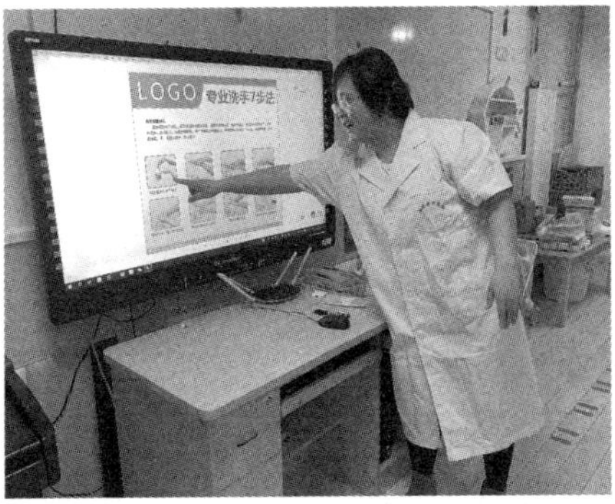

图 2　讲解“七步洗手法”

图 3　演示“七步洗手法”

2. 神奇的小药袋

如意看到素素妈妈手中的袋子，好奇地问：“阿姨，你带的袋子里面装的是什么啊？能给我们看看吗？”素素妈妈神秘地打开了袋子，拿出了一个听诊器：“猜猜看，这是什么？”“我知道，是贴在这里的。”小白迫不及待地走到前面，尝试把听诊器戴在耳朵上。“听到了什么？”素素妈妈问道。小白兴奋地说：“我听到了咚咚咚的声音。”素素妈妈告诉我们这个声音就是心脏跳动的声音。

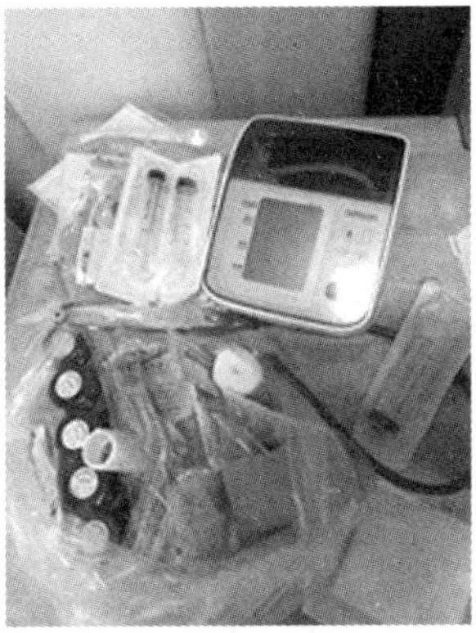

图 4　小药袋

雨晴发现了一个棕色的小瓶，里面装的什么呢？素素妈妈打开瓶子请小朋友闻一下，小朋友说：“这个味道不好闻，感觉臭臭的。”“我摔倒了，医院的阿姨就（帮我）涂上这个。”琪琪说。素素妈妈补充道：“是的，这里面装的是碘伏，可以用于皮肤的消毒。”

素素妈妈出示了口罩，她介绍口罩是用来隔离病毒、细菌的，生病后为了防止传染给他人要戴口罩;春季粉尘、花粉很多,也可以戴口罩。

素素妈妈还利用一体机出示了她带来的血压计、绷带、雾化器等。

素素妈妈还拿出大小不同的注射器,往注射器里注入了水,拧掉了针头。孩子们拿到手里摆弄着,不一会儿就发现,针管可以把水推出来。素素妈妈说:“打针就是为了把药物注射到身体里,这样身体才会更快地好起来。”她还提到注射器大小不同作用也不同;注射器很危险,小朋友不能随便去碰,尤其是针头的位置。

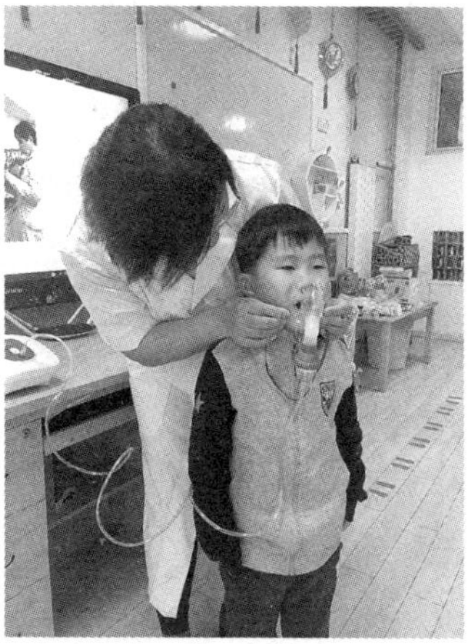

图5 演示使用雾化机

3. 生病了怎么办

由于孩子们都有生病的经历,所以当素素妈妈问“生病了怎么办”时,孩子们争先恐后地答道“要打针”“吃药才能好”。

当素素妈妈和老师演示打针的时候,孩子们睁大了眼睛,鼓励老师说:“老师,别害怕,你要加油哦!”

镇好看到老师打针吓得藏到了小朋友的后面,子骏看到要打针藏到了小椅子后面。小白是一个胆子很小的女生,看到演示打针时差点吓哭了,她看到老师手上的胶带关心地问:“老师,你疼不疼?”老师说:“打针时有一点疼,针头扎进去的时候就像被小蚊子叮了一下,不过很快就不疼了。”“是的,我打针不哭。”勇敢的淘淘说,“打针一会儿就不疼了。”小谜说:“哭了也没用,还得打。”听到孩子们可爱的话语,素素妈妈微笑着问他们打针时还哭不哭,很多孩子都摇着头说:“我勇敢,我不哭。”

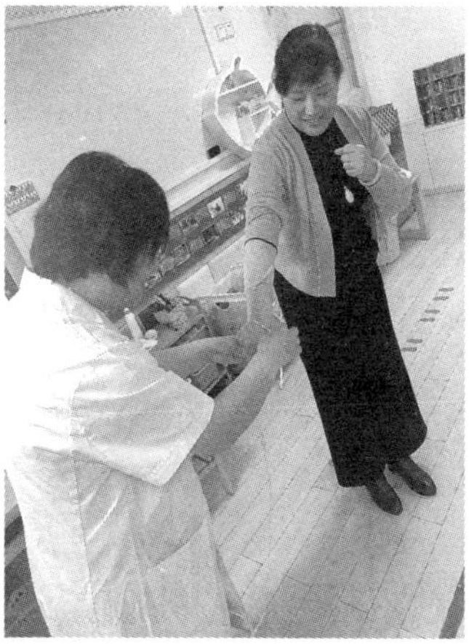

图6 演示打针

这时候子骏问素素妈妈:“阿姨,你瓶子里面打的是水吗?”素素妈妈说:“是的,是盐水。”镇镇问:“是炒菜的盐吗?能喝吗?”

素素妈妈说当然可以喝，她拿了小瓶的无菌盐水请小朋友们尝试。

哇，真的是咸咸的呢！

子骏又问：“是不是我把水喝到肚子里就不用去医院打水了？”

素素妈妈说：“是的，小朋友平时要多喝温开水，把坏细菌都冲掉，这样才能保持身体健康。”

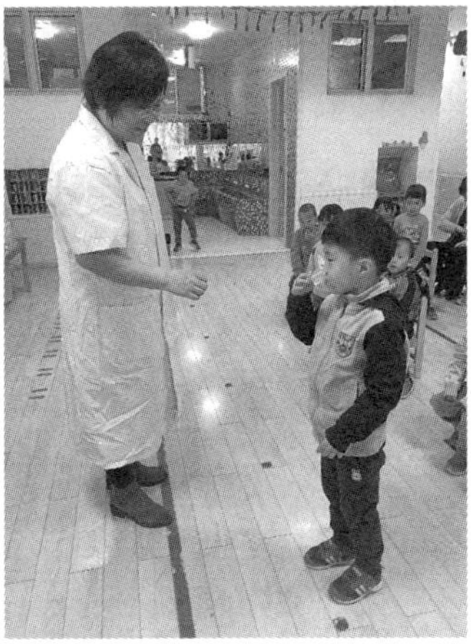

图7 尝试无菌盐水

这时候到了过渡环节，孩子们都接了一大杯水，就连平时喝水困难的小朋友都是举起水杯“咕咚咕咚”喝了起来。老师也和孩子一起喝水，喝完美滋滋地说：“好舒服，口不渴了。”孩子们也学着老师的样子，摇头晃脑地说：“好舒服。”

张雪门先生曾说过：课程从生活而来，从生活开展，儿童从行动中所得的知识才是最真实的知识，在亲身的行动和活动中获得的直接经验，对儿童的发展才更有价值。素素妈妈是医生，孩子们都用崇拜的眼神看她，她亲自来现场教学的效果远远超出了老师，她的语言更有权威性，当知道消灭细菌最简单的办法是洗手、不去医院打针的办法就是多喝水后，连平时洗手偷懒、喝水困难的小朋友都变得积极起来了。

参观门诊部

素素妈妈在空军大院门诊部工作，她邀请孩子们到门诊部去看看。《纲要》中提出“要引导幼儿了解自己亲人以及与自己生活有关的各行各业的人们的劳动”“引导幼儿认识、体验并理解基本的社会行为规则”。参观活动不仅可以让孩子们获得更多的自我保护知识，还可以了解医生这一职业的工作内容。于是，老师决定组织孩子们到门诊部参观。当消息确定后，孩子们高兴地欢呼着，有的小朋友兴奋地说：“我以前都是去医院看病，没想到还能去参观呢！”

大院门诊部的性质是对内不对外，所以病员较少，在得知孩子们要去参观时，工作人员为了避免交叉传染，在上午参观之前对门诊部进行了内外环境的清理。

图 8　排队去参观医院

出发前我们进行了讨论，在路上应该怎么做，孩子们表达得都非常好：排好队伍、走斑马线、不大声讲话等等。于是，早饭后孩子们排着整齐的队伍出发了。

到门诊部后，孩子们依次体验了一把“小病人看病”。

图 9　分诊等待中

“小病人们”先到挂号处，医生阿姨为“小病人们”进行了“挂号”，并根据他们描述的不同症状，在挂号处进行了分诊。

进入内科门诊，医生请“小病人们”坐好，“小病人们”进入公共场所，能够遵守规则，安静地坐在指定的位置，真是守秩序的小公民！

医生拿起听诊器分别为孩子们做了内科检查，用听诊器听一听，用压舌板看一看，轮到自己检查的时候，每个小朋友都张大了嘴巴让医生检查。

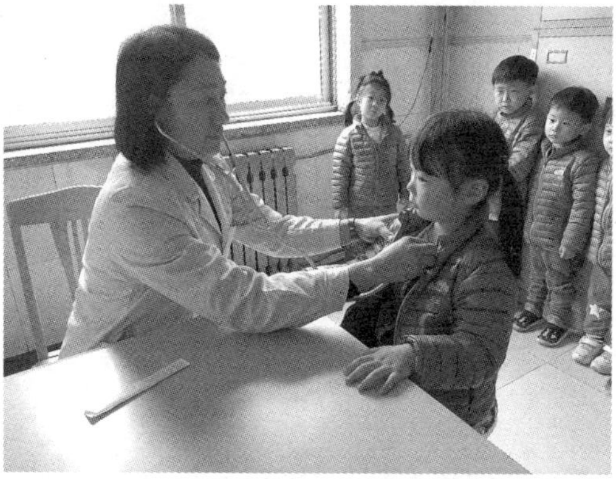

图 10　医生为幼儿做内科检查

医生阿姨还解释了为什么要看舌苔和嗓子:"我们做内科检查的时候通过看舌苔和嗓子的颜色就能够了解病人的身体状况,如果小朋友的嗓子红了,平时就要多喝水;如果舌苔变厚,颜色变白,平时要多吃蔬菜水果,少吃肉。"

原来,我们的身体在生病前,早就发出了各种信号。

接下来孩子们参观了各个科室,只要孩子们有问题,每个科室的医生都会详细地用孩子们能听懂的语言为他们讲解。

图 11　幼儿闻酒精棉球

在换药室的时候,医生现场为孩子们演示伤口处理的方法:先清洗,再消毒,最后包扎。看着医生阿姨手中的棉球,孩子们好奇地问:"为什么上次医生阿姨拿的是黄色的消毒的,今天是白色的呢?"阿姨请小朋友闻一闻棉球的味道,孩子们说:"这个味道辣辣的,像酒。"阿姨解释道:"这个就是酒精,黄色的碘伏跟白色的酒精棉球都能够为皮肤消毒的。"孩子们观察得可真仔细!

到了药房后,展现在孩子们眼前的是各类药剂。

淘淘:"阿姨,我妈妈给我吃过药丸,是圆形的。"

甜甜:"我妈妈给我喝过口服液,像水一样,但是很苦。"

睿睿:"我生病时候喝的药是小颗粒的,有时候奶奶给我用水冲开,有时候直接倒在我的嘴巴里。"

医生叔叔表扬小朋友观察得很仔细,能够说出自己吃过的不同类型的药剂,随后讲解了药剂的不同分类:片剂、颗粒、液体。面对颜色鲜艳的小药片,医生叮嘱小朋友们在家千万不能随便打开药品品尝,药丸可不是糖豆。

离开药房前,悦悦看到了桌子上的一个药盒,她说:"这上面有只眼睛,我觉得可能是眼睛用的药吧!"她猜对了,这是个滴眼液。能够根据图示进行推理,真棒!

临检室是一位有趣的医生伯伯,医生伯伯为我们讲解了检验的血液仪器。听说小朋友要来参观,检验科的阿姨还提前一天为我们准备了芦荟的细胞切片。糖糖说:“把我的小手放上会是什么样子呢?”“咦,怎么变黑了,什么都看不到?”医生阿姨解释道:“放到显微镜下的东西都是经过处理的透明切片或涂片。小手不透明,所以放到下面就变黑了。”

图 12 悦悦发现了滴眼液

图 13 使用显微镜观察芦荟细胞切片

孩子们来到了一个很大的机器前面,伯伯说这台机器是检查血液的,经过它的检查后,医生就知道大家平时有没有好好吃蔬菜、喝水。听完伯伯的讲解,孩子们纷纷说:“伯伯,我们喜欢你,我们也想当医生!”伯伯说:“那就要好好学本领,将来当解放军医生。”伯伯的话让孩子们热血沸腾。

接着,我们又来到了眼科,墙上的视力表引起了孩子们的兴趣,他们有过查视力的经验,所以孩子们知道测视力时要用小手指出小门开口(E)的方向。医生阿姨问:“眼睛是用来做什么的呢?”孩子们异口同声地回答:“看东西的。”“那怎么样保护眼睛呢?”镇好说:“平时要少看手机、平板。”诺诺说:“要多吃胡萝卜,胡萝卜对眼睛好!”医生阿姨表扬了孩子们,希望孩子们少看电子产品,多吃对眼睛好的东西。

口腔科也是一位医生伯伯,医生伯伯为小朋友们介绍了看牙齿的口腔镜、探测针等,并为他们做了口腔检查,检查的时候,孩子们的嘴巴都张得大大的。伯伯问:“怎么样才能保护牙齿呢?”镇好说:“要少吃糖。”润润说:“早晚要刷牙,饭后要漱口。”医生伯伯表扬小朋友回答得很好,希望小朋友们平时也能注意保护牙齿。

一进入做心电图的房间，一个个小小的塑料圆球引起了子骏的注意，子骏问：“阿姨，这是什么东西？”阿姨说：“这是做心电图的仪器，通过心电图就可以知道心脏是否是健康。”在孩子们的要求下，阿姨为他们演示了如何做心电图。

二楼的护士阿姨来请孩子们去病房参观了，这时候正好有位解放军叔叔来病房打预防针，孩子们两眼放光，护士阿姨怎么能读不懂他们的小心思呢？于是护士阿姨现场给叔叔打针。孩子们纷纷围上来给叔叔打气说：“叔叔你要勇敢！”叔叔打完针后，孩子们都为叔叔鼓掌，自发地喊道：“叔叔，你真棒！”

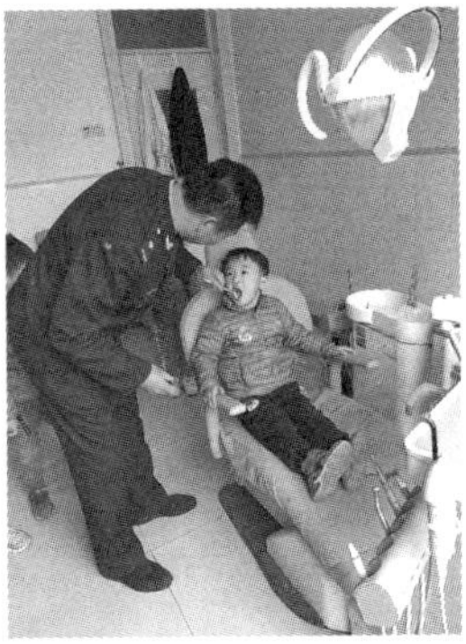
图 14　医生为幼儿检查牙齿

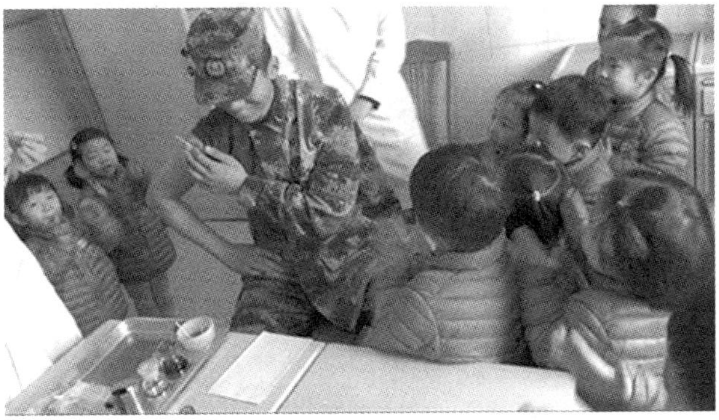
图 15　解放军叔叔打预防针

参观结束时，院里停放的一辆救护车引起了孩子们的注意，在得到阿姨的允许后，孩子们又有了一次跟救护车亲密接触的机会。

此次参观门诊部的活动，让幼儿从旁观者、健康者的角度，客观地观察医护人员的工作，了解了疾病的处理方法，更为重要的是在真实的环境中获得自我保护、疾病预防的办法，比如，他们知道身体不舒服时会释放出很多信号：眼睛红，有眼屎，嗓子红，舌苔变白、变厚等，我们必须经常关注这些器官，及时了解自己的身体状况。他们还知道了药丸好看，但不是糖豆，不能随便品尝，以及保护牙齿、眼睛的知识，对医生的职业也有了一定的了解，对生病去医院做检查、打针等也不再像以前一样害怕了。

在参观中，孩子们还表现出了敏锐的观察力，如发现了具有相同消毒功能，但颜色不同的酒精和碘伏；通过瓶子上的眼睛标识推断出盒子里的是眼药水……孩子们获得了很多老师意想不到的经验,也让老师对孩子的能力有了新的认识。

画画大细菌

参观门诊部回来后,美工区里的孩子们用画笔记录着自己的发现,铭泽在纸上画了一个不规则的圆圈,对旁边的琪琪说:“快看,我画的细菌,这就是我在路上吃糖葫芦的时候跑到我身体里的细菌。”铭泽的细菌画引起了孩子们的兴致,孩子们纷纷画起他们眼中的细菌。不一会儿,一张张有趣的绘画作品粘贴在作品栏中,而他们的解读更精彩。

奇奇指着自己的画:“我画的细菌有很多的手,会抓住不讲卫生的小朋友。”

小谜:“我画的细菌有很多大牙齿,吃了过期的饼干就会有这样的大细菌。”

图16　幼儿画细菌

赞赞:“我画的细菌没有手也没有脚,但是它会像泡泡糖一样使劲粘在小朋友身上。”

诺诺:"我画的细菌还带着望远镜呢,专门找不讲卫生的小朋友,它还会发出声音呢,它发出的声音是这个样子的:哇——"她的这声"哇"把小朋友们吓了一跳!

通过绘画,可以看出孩子们观看显微镜下的细菌后,认识了细菌,知道了细菌与我们生活的关系;在表现病菌时,都能按照自己的理解,大胆表达自己的感受,也明白了讲卫生对身体健康的重要性。

"宝宝医院"开业了

参观回来后的角色区里,孩子们兴奋地讨论着:"我长大了也要当医生。""我也要给人看病,给人打针。""医生穿着白大褂多神气啊。"

"病号"豆豆对"医生"琪琪说:"医生,我牙疼。"

"医生"为他做了检查后说:"你是不是爱吃糖,吃完还不刷牙?"

"病号"豆豆小声回答道:"是啊。"

"医生"琪琪认真地说:"这可不行,你吃完糖要记得漱口、刷牙,早晚都要刷牙,我先给你打个止疼针吧。"(这位小"医生"的提醒真有必要呀,小朋友们平时都要做到饭后漱口、早晚刷牙哦)

又一位"病号"如意说:"医生,我咳嗽。"

"医生"玮玮说:"别着急,我先帮你听一听。"

只见"医生"玮玮手拿"听诊器"(一块积木)放在"病号"的胸前:"没事,要多喝水。"

如意假装咳嗽着,"医生"嘱咐着:"咳嗽时要捂住口鼻。"("医生"很专业呢)

"病号"溪溪走过来,"医生"皱着眉头说:"你生病有些严重呢,得打针。"

"病号"溪溪说:"我怕疼。"

"医生"微笑着说:"我会轻轻地。"

打完后"医生"笑着问:"我打得很轻不疼吧,打完针后记得按压一会哦。"(这位小"医生"能够考虑到"病人"打针时候的感受,真是位有同情心的小"医生")

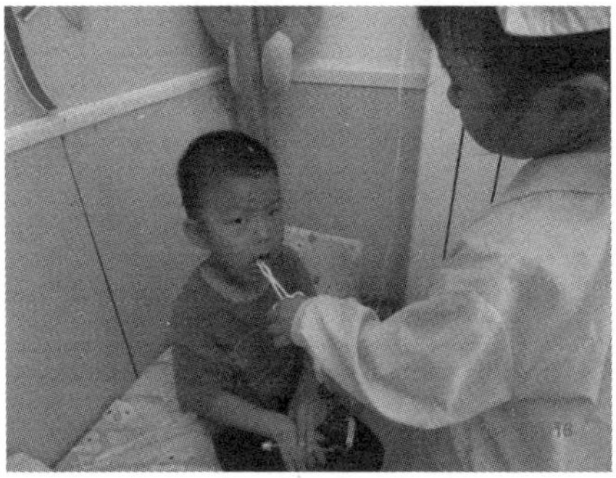

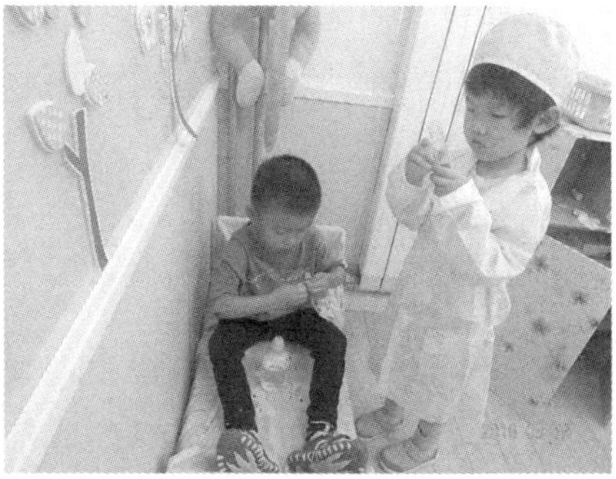

图 17 “医生”给“病号”看病

看到孩子们对“宝宝医院”这么感兴趣，幼儿园为孩子们准备了各类医生服、护士服，家长给孩子们带来了各类医院玩具：听诊器、口腔镜、注射器等等，还有的家长把家里的废旧药盒也带来了。在“医院”位置的选择问题上，孩子们产生了分歧，经过投票，最终决定把娃娃家的位置改成“宝宝医院”，孩子们还征用了老师的备课桌当作问诊台。就这样，“宝宝医院”正式开业了！孩子们在“医院”里忙碌着、成长着……这一切，让老师体会到：孩子们生活自主性的建立，需要在“做”中，即在体验中建立和获取。

教师的感悟

陶行知先生说过：“生活即教育，教育的根本意义是生活之变化。生活无时不变，即生活无时不含有教育的意义。”“好朋友生病了”这一课程，基于幼儿的经验，源于幼儿的兴趣，教师根据幼儿的兴趣点去确立主题、投放材料、开展活动，以幼儿的问题作为引线来进一步拓展，引导他们积极地、主动地探索发现，真正做到幼儿是活动的主体。通过活动，幼儿平时会关注自己的身体，观察各部位出现的状况，知道生病了要及时去医院诊治，打针是为了预防和治疗疾病。

日常生活中，教师和家长们为了让幼儿养成良好的生活习惯，不断督促、提醒，可往往效果并不好，这是因为我们只要求幼儿做，但并未告诉他们为什么这么做。通过“好朋友生病了”这一课程，教师体会到，习惯养成要在“知”

的基础上,理解行为的"意",感受行为良好的"情绪",才能帮助幼儿更快地养成"行"的习惯。

结　语

故事到这里暂时结束了,孩子们在这段时间里获得了很多关于疾病的经验,期待这次课程之旅能在以后的生活中不断提醒孩子们树立正确的健康理念,养成健康的生活习惯和方式。

专家点评

1. 从“点名”开始的教育

这个故事最打动我的就是开始的“点名”活动。因为点名，幼儿发现大钧没来，再往下，幼儿还知道大钧没来是因为生病了。于是，引发了幼儿通过视频和大钧聊天的情节。社会领域的关爱和同情教育，要求幼儿关心自己身边的人，身边的人生病了，要能够表示出关心和同情。因此，教师能够抓住生活中的点名活动，自然地渗透关爱教育，让幼儿学会关心身边的人，关心生病没来的小朋友。这是难能可贵的，真的希望这个活动能够常态化。

2. 生活、课程和游戏

教育从生活开始，生活成为幼儿园课程的基本内容，课程又引发了幼儿的“医院”游戏。这是故事的基本线索。这条叙事的基本线索，反映出教师在践行生活化、游戏化课程中的成长。

3. 课程的适宜性程度

从生活开始的教育，是幼儿园课程的良好开端，但并不意味着课程的目标就能自然转换成幼儿的行为。因此，我们还必须关心课程内容的适宜性水平。提高课程的适宜性水平，要关心幼儿的年龄特点和经验水平。小班幼儿的健康教育如何定位，怎样开展是值得我们去研究的课题。

4. 故事的详略和主次

故事不是记录，记录是不需要组织素材和处理文字的，但故事需要。故事不是发生了什么就写什么，故事需要对素材进行剪辑，使故事详略得当、主次分明，这样才能做到重点突出。

（苏州幼儿师范高等专科学校　张春霞）

中 班

我们的“兵工厂”

江苏省南京市太平巷幼儿园　刘　艳

持续时间：2017年11月至2019年5月

年龄段：中班至大班

“兵工厂”诞生了

玩创造性游戏的时候，可爱兴奋地说：“我找到了恐龙化石啦！我找到宝贝啦！”紧接着，班上不少孩子都跟他一起去寻宝了。老师顺着他们的声音看去，孩子们不知道从哪里找到的小棍子、小铲子之类的工具，像模像样地寻宝去了。没过一会，老师又听到一个声音说：“今天刮龙卷风，把房子都刮倒了，我要重新盖房子。”这边，超级英雄“蜘蛛侠”也很忙碌，神气地跳上跳下……这些奇妙的游戏别说孩子们了，老师们都觉得特别有意思。孩子们在自己的想象空间里自由奔腾，和我们生活的世界完全不同，不受时间、空间的限制。真的，也只有孩子才能跨越现实的河流，驰骋于现实与想象之间。

同时，孩子们的游戏也向老师提出了一个问题：教室里、走廊上的“医院”“餐厅”“超市”“银行”“汽车站”等这些游戏内容，真的是他们喜欢的吗？进入中班以后，老师们发现游戏中孩子的想象力越来越丰富，常常出乎老师的意料。事实上，孩子们的游戏已经从“这些材料是做什么的”过渡到了“我还可以用这些材料做什么、怎么玩”的阶段。那么，他们现在到底喜欢玩什么样的游戏，怎样的游戏材料和游戏场景能让他们自由畅玩，怎样的支持才能予以他们无限空间呢？老师们根据游戏场景和材料利用情况以及孩子们游戏活动中的行为表现，决定进行一次“从有到无，无中生有”的尝试。老师尝试去掉固定游戏场景的框架，减少具象游戏材料的提供，不设定游戏主题，同时也控制住自己那颗时刻放不下的心。

刚开始，孩子们小心翼翼，显得有点茫然不知所措。老师鼓励孩子们去选一选自己喜欢的材料，去找一找一起玩的小伙伴。渐渐地，孩子们根据自己的生活、游戏经验，选择材料和伙伴，开启了他们的自由游戏之旅。他们有的用白色小玩具当米饭，烧饭、盛饭、洗碗；有的找来钓鱼拼图和小篓子，玩起了钓鱼、烧鱼汤、烤鱼；有的用油泥做饼干、包饺子、做花卷……他们通过象征、模仿、假装等方式，让手里的这些小玩具活了起来，创造性地玩起了属于自己的游戏。

有些男孩子找来管子玩具，当成宝剑、金箍棒、机枪，渐渐地演变成了追逐打闹的打仗游戏。柚子要起了金箍棒，一会儿上下挥舞，一会儿抬脚，一会儿俯身尝试侧翻，两手在前交错摆弄着试图使金箍棒旋转起来；东冬手里端着"机枪"，"哒哒哒"地扫射，或袭击，或躲避，或跪倒，或翻身，一边跑一边变换出不同身体造型。老师的目光一直追随着他们的一举一动，发现他们用管子材料拼搭的"机关枪""手枪""宝剑"等，形象逼真，造型各异，要起来也特别神气。他们用各种"武器""打闹"，但事实上这种打闹是有分寸的，这让老师对他们游戏中的安全问题放下心来。

自由的氛围，没有边界的游戏空间给予了孩子极大的游戏自由，同时也激发了孩子游戏的自主性。玩什么、怎么玩、和谁玩及在哪里玩，都由孩子自己与伙伴们商量决定。在游戏过程中，每个孩子的状态是投入且愉悦的，充满想象力和创造力。

男孩子们的"追打哄闹"

通常情况下，当男孩子们追打哄闹的时候，老师会及时制止，以免发生安全事故，所以，当他们在教室里跑动起来的时候老师也很紧张，老师的目光一直在追随着他们，和孩子们朝夕相处，彼此心有灵犀，老师相信他们一定能懂老师关切的目光是在提醒他们注意安全。

其次，孩子们在自主游戏中的积极、创造、兴奋、投入，深深打动了老师，他们在游戏中是那么的自信，充满激情，眼中有光。这一刻，他们吸引了老师，让老师不自觉想要加入他们，想要感受游戏中的快乐。

游戏后的分享，孩子们踊跃地介绍着自己的游戏和发明创造，言语中透露着欣喜和自豪，男孩子们在介绍自己制造的“武器”和展示他们的本领时更是激动不已。

瀚之：“我搭的是剑刀，它可以当剑又可以当刀，用力一挥就可以把两边的敌人消灭。”

柚子：“我搭的是金箍棒，它可以变长也可以变短，还可以发出金光。”

东冬：“我搭的是机关枪，这是瞄准器。”

阿宝：“我下次要搭一辆坦克，比你的机关枪厉害。”

…………

孩子们你一言我一语，每个人都很兴奋和自豪。

就这样，在他们的感染下，老师试着支持了他们的“追打哄闹”。游戏是属于幼儿自己的，是幼儿自由、自发产生的，幼儿有自主游戏的能力，教师在其中应起鼓励、支持和协调的作用，协助幼儿发起并开展他们的游戏，把握方向，避免无意义的打闹现象。

在之后的游戏讨论中，孩子们给他们的这个游戏命名为“兵工厂”，自此，“兵工厂”在班级游戏中诞生了。

五花八门兵器展

1. 用什么材料

孩子们用班级里的管子玩具搭出各种枪械、刀棍，可是很快，他们就不满足这样小型的兵器了。

柚子拿着他手里的机关枪说道：“我们想搭大炮和坦克，这个管子太小了。”

南南：“是呀，这个小管子只能搭小型的手枪、冲锋枪，大炮搭不了，我们需要更大的管子。”

老师:“除了大管子,你们还需要其他材料吗? 想一想还有什么材料可以搭大炮和坦克?”

孩子们根据自己的经验议论开来。

嘉彦:“可以用牛奶箱子。”

辰辰:“牛奶箱小了,要用大纸箱,因为坦克很大。”

嘉彦:“可以把很多牛奶箱组合在一起就大了呀。”

正正:“可以用建筑区的积木搭。”

毛毛:“对,建筑区里还有纸板也可以用。”

子恒:“我们班资源箱里有易拉罐和薯片罐,可以把它们连接起来做炮管。”

阿宝:“我看到过大班的哥哥姐姐在操场上玩过很粗的管子,我觉得那种管子正适合搭我们的大炮。”

南南:“对,我也记得那种大管子,他们是在玩水时用的,那个适合,可以的。”

东冬:“如果用那么大的管子,我们班教室放不下怎么办?”

瀚之:“那我们就去操场上搭,哥哥姐姐不就是在操场上玩的嘛。”

东冬:“那我们搭好放在操场上,下雨了怎么办?”

瀚之:“下雨就拿进来啊,或者在大礼堂也行,大礼堂不怕下雨,还可以把我们搭的兵器都展示在大礼堂,给其他班的小朋友参观。”

在孩子们提到的材料中,只有大管子是我们班没有的,老师提议去幼儿园的资源室里找一找。大家在资源室里找到了几箱粗管子,孩子们正打算全部搬走,老师向他们说明了借阅资料的程序,并鼓励他们自己和资源室老师申请、借用、登记,并自己搬运回去。

幼儿调动已有经验,想到自己曾经使用过的或者是看到过的材料,根据自己的理解和判断,选择自己认为适合的材料,尝试自己解决问题。

2. 探索新材料

游戏时根据天气情况和户外场地的安排,我们会在操场、教室或者走廊里进行游戏,为了方便材料的使用,我们从资源室借来了中号和大号的粗管子,将中号的管子放在班级使用，将大号的管子放在操场使用。对于新材料，孩子们表现出浓厚的探究兴趣。

（1）初级坦克研制成功。

虽然孩子们有玩管子玩具的经验，但大管子的长度型号更多，有1号、2号、3号，三种不同的长度，还有直接、弯接和三通三种接头。孩子们尝试将不同型号的管子连接起来，有时会发现长度不同，连接不上；有时会发现想要拐弯，但接头不对拐不了弯。在不断探索中，孩子们搭出了正方形，多个正方形连接成大的长方形，以及各种组合，最终研制出拥有车身、大炮筒、望远镜和通话设备的坦克。

图1　初级“坦克”

在新材料的探索中，幼儿了解到长方形、正方形需要用对边相等长度的管子；接头可以将两根管子连接起来；不同的接头作用不同：直接可以将管子接长，弯接可以拐弯和围合，三通可以延伸出其他部分。从中，幼儿感知了形状、对称、围合、连接、组合等概念，并将其运用到实践操作中。

（2）如何稳固支撑“炮筒”？

图2　“高射炮”

图3　在地面再做一个平衡支撑

为了使炮弹打得更远，孩子们动脑筋想出要将炮筒架高的方法，他们反复尝试了多种方法，比如：把小椅子放在下面做支撑；用牛奶箱垒起来支撑；有人干脆站在那里用自己的肩膀支撑炮筒。后来，南南运用三角形支撑的原理，利用三通接头，制造出样式美观的“高射炮”，同时，他自己也发现了问题：炮筒一碰就会倒，怎么办呢？

孩子们带着这个问题回家咨询了爸爸妈妈，做了一些调查，经过尝试，终于找到了支撑“高射炮”炮筒稳固的方法：在地面再做一个平行支撑。

幼儿在游戏中发现了问题，为了继续游戏而去寻求解决问题的方法，教师鼓励幼儿通过观察、思考、调查等方式，自主学习，找到方法，培养自主探究的良好学习品质。

(3) 立体造型建构。

找到了支撑方法，孩子们便开始尝试探索立体、大型的兵器制造。

瀚之和毛毛各自制造了一艘“战舰”，他们介绍：地上长方形的是船舱，侧面立起来的是操纵杆，斜架在战舰上的是大炮，战舰是横着开的，可以一艘一艘连接起来。他们还准备了一些接头放在战舰上，可以随时将两艘战舰连接。战舰搭好后，他们拿来小碗、盘子、勺子、食物等，在战舰上做饭吃。

图 4 “战舰”

立体造型的建构，使幼儿的兵器制造又上了一个新台阶，锻炼了幼儿的空间思维能力、观察比较能力、动手能力，以及想象创造的能力。

3. 多种材料相结合

孩子们对大管子材料的使用越来越熟练，班级建筑区、资源角的材料也是开放的，孩子们可以根据需要自由取用。有些孩子在玩了一段时间的管子材料后，对其他材料产生了兴趣，这时老师会悄悄地投放一些新材料，观察孩子们是否会感兴趣，事实上，孩子们总是会在第一时间发现新材料，并尝试运用起来；新投入的材料也总是能给孩子们带来灵感，让他们玩出新的花样。

图5　牛奶箱与管子结合制造的“摩托艇”

图6　轮胎与管子结合制造的“水陆两用坦克”

图7　木头踏板与管子结合制造的“飞碟”

幼儿制造的兵器可谓款式丰富、五花八门，身边看到的，能利用的，都会成为幼儿游戏中的操作材料，不同的材料丰富了幼儿的想象，扩展了游戏的形式。

我们会一起交流、分享制造的兵器，说说制作的方法，聊聊它的功能，谈谈大家的想法。一个开放、平等、自主、悦纳的团体氛围，有利于幼儿想自己所想，做自己想做，同时能鼓励幼儿大胆想象，表达自我，尊重他人，相互学习。

我是小小兵

兵器制造好自然是要用到“战斗”中来的，角色扮演的乐趣更多来源于无限假想和情感体验。

1. 我是地雷兵

看,毛毛手拿“地雷探测器”,一边走一边发出“嘀嘀,嘀嘀”的声音,“不好,发现这里有地雷,保护好现场,挖地雷”。只见他将长长的“地雷探测器”放在地上,几个孩子围过来,有的用手挖,有的用锅铲挖,有的用平底锅挖,还有的用盘子、小碗挖,挖呀挖呀,正巧一个管子接头飞了过来,一个孩子迅速拿起管子接头,抬起头惊喜地大叫:“我挖出一个地雷。”其他孩子围过来一起欢呼起来。他们接着挖地雷,过会儿再看他们时,口袋里、小篮子里已经装了好多个“地雷”了。

图8 “地雷探测器”

在扮演游戏中,幼儿将很简单的材料当作道具,假想自己在情境中,自编自演,乐此不疲。

2. 我是侦察兵

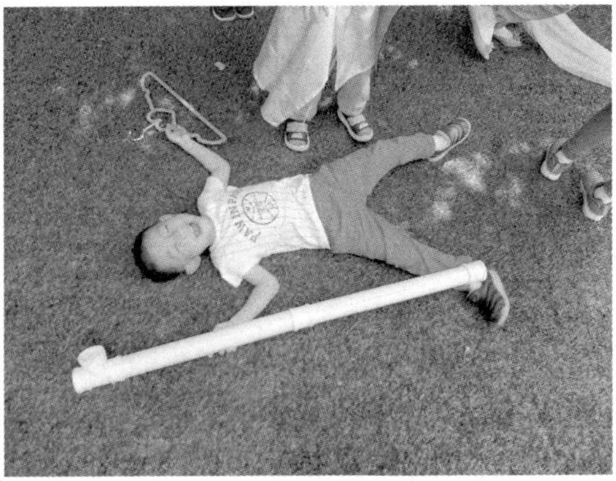

图9 “中弹”的辰辰

辰辰头戴半个皮球帽子,将一个圆筒形手提包当成氧气罐背在身后,手拿拼搭好的“狙击枪”,腰间还别着“手榴弹”,弯腰弓背向前跑着,时而转身、跪地、端枪、瞄准,对着天空中的“敌机”射击;时而倒地翻滚、匍匐前进;时而从腰间拔出“手榴弹”，用牙齿咬掉栓塞，奋力扔出。我的目光追随着他满操场地在人群中穿梭的身影，之后，只见他扔了“氧气罐”，丢了“枪”，成“大”字形平躺在草地上，大口喘着气，老师走过去蹲下身轻声问道：“你怎么了？”他睁开眼睛对老师说：“我快死了，我中弹了。”然后又闭上了眼睛。老师握着他的手说：“士兵，需要救援吗？”他刷地睁开眼睛，惊讶地冲老师笑着说：“要啊，但是我不能动了。”“好的，你放心，我去通知医疗队，让他们用担架来抬你，你要坚持住哦。”

教师时刻观察着幼儿的游戏，在游戏中适时出现，以游戏角色进入，促使游戏情节继续发展延伸。

3. 我是医疗兵

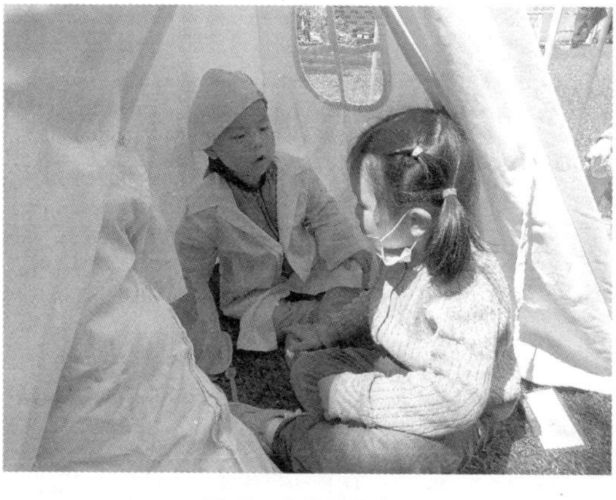

图 10 “战地医院”

这个简易的帐篷（图 10）就是“医疗队”所在地，孩子们称之“战地医院”。旻铭是位女孩子，也参与到兵工厂的游戏中，她和另一位男孩子少桓是两名“医疗兵”。“医院”条件艰苦，“医生们”席地而坐，他们会让“伤员”躺在一块蓝色的垫子上，有时还会拎着医疗箱出诊。当老师通知他们救援，并跟他们讨论了如何用担架抬伤员的问题后，他们抬着垫子把伤员拖了回来。

游戏过程中情节的发展促使不同人员之间的配合与互动，使游戏情节更加丰富而有趣，同时也发展了幼儿的同伴交往、语言表达等多方面的能力。

4. 我是小海军

图 11 “潜水艇”

图 12 乘坐“救生艇”离开

瞧，这几个孩子用管子、垫子、椅子搭建了一艘“潜水艇”，分驾驶舱和机舱，大家各有分工，有人当驾驶员驾驶；有人负责看地图，指挥路线；有人负责发射炮弹；有人当司令，指挥战斗。过了一段时间，被同伴称为“绕司令”的孩子说：“我们的战舰被炸毁啦，我们必须乘坐救生艇离开。”于是，有人推来了洗澡盆当作救生艇，由于澡盆太小，只坐进了一个孩子，其他人蹲在旁边，拖拉着澡盆快速离开。

孩子们的游戏越来越精彩，情节更丰富了，同伴之间的合作互动更多了，材料的运用更灵活多变了。更可喜的是，他们之间学会了商量和妥协，不像刚开始时经常争执吵闹，孩子们的游戏水平更高了。

“兵工厂”全面升级

1. 又有了新想法

暑假过后，孩子们升入大班。一开学孩子们就提醒我，“兵工厂”要继续上班了。没想到两个月的假期并没有减淡孩子们游戏的热情，反而是一直期待着、挂念着。“兵工厂”游戏继续开启，孩子们像是在暑假中做了准备一样，提出了许多新的想法。

东冬:“我们的兵工厂需要一面属于我们自己的旗帜。”

阿宝:“我们的坦克无法移动,我们要做一个可以移动的坦克,人可以坐进去开的。”

瀚之:“嗯,那可以用大纸箱子做,在纸箱上挖一个洞,人可以钻进去,就像上次老师表演时用的轿子一样。”

阳阳:“还需要搭一个战壕,我们可以躲在战壕里,我跟我阿公在电视里看到的,那些打仗的人用石头、沙袋堆在一起做成战壕,人就躲在后面,不会受伤。”

东冬:“我们又没有石头和沙袋,怎么做战壕啊?”

阳阳:“我们也可以用纸箱啊,我们有许多牛奶箱,可以用来搭战壕。”

东冬:“嗯,好主意,就这么定了。”

阿宝:“我觉得我们当兵的是要训练的,不训练本领怎么能打仗呢?”

南南:“我们能训练什么呢? 我们又不是真的当兵的。”

阿宝:“我们是在玩游戏,可是玩游戏也要像真的一样啊,比如可以训练跑步、射击、扔手榴弹,我跟爸爸一起看《我是特种兵》,他们就是要训练的。”

正正:“我想到了,我们可以用晨间锻炼的梯子、垫子来训练,助跑跨跳可以当我们的训练内容。”

“好!”“可以!”“这个办法好!”大家纷纷表示同意。

子恒:“我要做一套战甲,我是铠甲战士。”

龙龙:“我要练习跳伞,我是空军。”

孩子们你一言我一语地说着自己的想法,也为别人提出的想法出谋划策,思维的碰撞激荡出游戏的火花。大班孩子随着年龄的增长,经验的丰富,各方面能力的提高,对游戏有了更高水平的规划和实施能力。这么多的想法,得一个一个实施,从满足幼儿的兴趣和需要,支持他们的深度学习出发,我们成立了项目活动小组,对幼儿感兴趣的问题和计划进行深入、持续地研究。

图 13　项目活动小组的讨论记录

2. 成立项目活动小组

基于幼儿提出的想法，我们成立项目活动小组，对具体事务进行详细的讨论和规划，如：内容、材料准备、人员分工、时间、场地等，然后分小组进行工作。

（1）制作旗帜组。

诺宝和东冬负责制作一面属于兵工厂自己的旗帜，他们两人分别设计了小样，说了自己的设计意图，经过协商，统一想法之后，共同制作了一面旗帜，两个人双手紧紧地握住旗帜，自豪感油然而生。

图 14　“旗帜”

（2）搭建战壕组。

图 15　“战壕”

搭建战壕组的孩子们尝试用牛奶箱垒高、围合的方法，制造可以遮挡住自己身体的障碍物，人可以躲在后面进行射击，这种设想很实用，在后来的游戏中一直沿用了下去，以各种方式存在着。

（3）设计兵器组。

这个小组的孩子们尝试着在纸箱上下对称挖出两个洞，人可以钻进洞里，用脚在地上行走。他们还在纸箱的前面挖出一个小洞，将几个薯片罐连接而成的“炮筒”装进去，用透明胶粘贴住，可总是固定不住，炮筒会往下掉。后来，他们干脆用手握着炮筒或用胳膊夹着炮筒。对于这个不太成功的“坦克”，孩子们绞尽脑汁。

图 16　给“坦克”上色

图 17　“坦克”

过了几天，嘉彦的爸爸从家里扛来了一辆用纸箱制作的“大坦克”，上面的履带是用纸板一条一条刻下来贴上去的，嘉彦介绍，这辆“坦克”是他和爸爸、奶奶用周末两天的时间一起制作出来的。孩子们瞪大了眼睛，对这辆“坦克”充满了惊叹。这时，诺宝提出建议：“坦克一般都是有颜色的，比如灰色、迷彩色，这辆‘坦克’需要刷上颜色。”这个建议得到了同伴们的赞同，于是大家开始为“坦克”刷颜色。与此同时，柚子的爸爸也抱来了一辆“大坦克”，是用纸板拼接而成的，柚子拿出图纸，给大家详细介绍着他和爸爸是如何拼装这辆“坦克”的。可以钻进去开着走的“坦克”，真是太酷了，这两辆“大坦克”的到来，掀起了“兵工厂”的一阵小高潮。

教师将课程理念介绍给家长，将幼儿在幼儿园的游戏和生活呈现给家长，会经常邀请家长参与到幼儿园的课程中来，会引导家长了解幼儿的发展和需要，也会真诚地倾听家长的想法。因此，家长理解幼儿园的课程，支持幼儿的活动，会和幼儿一起参与到游戏中来。

（4）组织训练组。

训练组的孩子们想到可以利用体育锻炼的器械来布置训练场地，设置训练任务。他们通过商量，自己规划场地安排、搬运体育器械、设计拼搭不同难度的障碍，经过多次的尝试与调整，建立了“射击训练场”“攀爬训练场”“投掷手榴弹训练场”和“穿越火线训练场”。

图 18　组织训练

幼儿有时来训练场训练，有时去投入“战斗”，有时又回家“买菜烧饭”，游戏就是生活。在游戏中，幼儿的经验和能力都得到了很好的发展，包括语言、动作、交往、思维、数理、情感、合作等等，幼儿在游戏中学习和发展。

3. 实战演习真精彩

一系列的项目小组工作告一段落之后，孩子们又提出了新的想法：我们训练好了，要开始“打仗”了。怎样打仗呢？围绕这个问题我们又展开了讨论。

柚子：“一队当好人，一队当坏人。”

东冬：“可是谁当好人，谁当坏人啊？我要当好人，不要当坏人。”

瀚之：“那怎么办呢？我们都不愿意当坏人，怎么打仗？不能好人打好人啊？”

南南：“我们是假打，又不是真打，也不是真的坏人，是假装的。”

东冬：“假的我也不要当坏人，你们当，我要当好人。”

南南：“那我们就不分好人坏人，我们就打打玩玩吧，这样总行吧。”

孩子们都想来一场对战，但都不愿意当“坏人”，老师提议道：“我们就来实战演习吧，你们知道演习吗？”老师解释了什么是实战演习，以及演习的方式方法，孩子们一致同意。

实战演习正式登场了。孩子们商量后，将演习的队伍分成红队和蓝队，为了区分，两队队员还专门做了标志，自己选定队伍后，一起商量需要做些什么准备，如何分工等。在战斗过程中，可以看到，有的孩子用纸箱或轮胎搭“战壕”，藏在“战壕”后面更安全；有的孩子搭建了“高射炮”，并准备了“弹药”，不停地给“大炮”装“炮弹”然后发射；有的孩子设计了新型水路两用“坦克”；有的孩子拿着“机枪”奔跑攻击；还有的孩子用手推车为同伴运送“弹药”……演习现场精彩纷呈！

图 19　实战演习

在演习过程中，幼儿充分展示了个人的综合能力，有些具备领导气质和指挥气质的幼儿脱颖而出，他们自然成为团队中的核心，带领队员一同作战。

4. 作战计划自己定

有些幼儿还制订了“作战”计划，一份小小的“作战”计划中包含了许多的想法。

图 20　东冬的“作战”计划

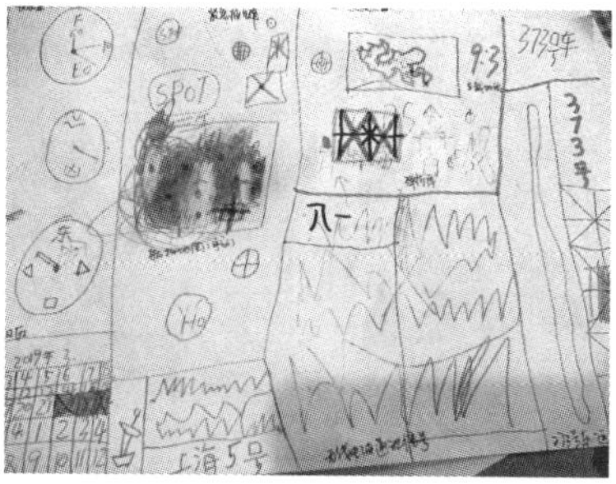

图 21　阿宝的“作战”计划

东冬的“作战”计划(图 20):庆祝“八一”建军节。新中国成立 70 周年,我们要看书,学习党章,还要训练。梯子表示要组织训练,飞机表示要建造战机,使我们的战斗力更强。

阿宝的“作战”计划(图 21):这是他电脑上正在显示的战斗现场的情况。中间的箭头和圆表示我方要发动进攻;最右边是 373 号运送火石的装甲车;其他分别记载了车上各种仪表盘、紧急按键、车载日历、车载地图、航拍地图、弹药库监控器、无线电波通信讯号。

图 22 瀚之的“作战”计划

瀚之的“作战”计划(图 22):看起来有些混乱,实则体现了一场战争的动态过程。他一边在图上画着一边介绍:左边是敌方部队,蓝色竖线条表示敌方的竖行防御系统;右边是我方部队,绿色半圆形表示我方半圆形防御系统;红色线条表示谁向谁发动了怎样的攻击,摧毁了什么,谁牺牲了。(老师没能把他的专业术语完全记录下来)

图 23 辰辰的“作战”计划

辰辰的“作战”计划(图 23):一个表示我军要袭击敌方弹药库,另一个表示行军路线图。

“兵工厂”无处不在

孩子们对持续了一年多的“兵工厂”游戏的热情始终不减，时常能玩出新花样，也将对“兵工厂”游戏的喜爱带入到生活中。有的孩子看完《红海行动》电影后侃侃而谈；有的孩子研究、绘画各种坦克、战机，精心准备PPT在班级里介绍；有的孩子带来了坦克、舰艇的模型和家长制作的大型“坦克”；还有孩子带来了阿婆的党章，要求“兵工厂”的人一起学习；遇到有小朋友违反规则的，会立刻有“兵工厂”的人出来说教，声称“兵工厂”的人一定要听指挥、守纪律，因为我们是解放军；早上见面时，他们会互相敬礼，互道一声“你好，绕司令！”……他们常以战友互称，言谈举止中充满着坚定与豪迈。

每年的12月13日，南京城的上空会响起警报声。当警报响起，教室里短暂的沉默之后，孩子们开始了游戏活动，阿宝严肃而认真地说：“今天我要在‘兵工厂’搭一个默哀台，每个‘兵工厂’的人都要站在这个台子上默哀。”他真的去做这件事了，虽然并不是每个‘兵工厂’的人都站上这个台子默哀，但他在做着自己想做的事情，专注而坚持。

在迎新年活动中，孩子们可以穿自己最喜欢的服装来幼儿园参加庆祝活动。阿宝穿着迷彩背心，头戴迷彩钢盔，还贴着五角星的标志，英姿飒爽地来了，获得了许多孩子敬佩和羡慕的目光。

图24 阿宝

老师也会时常收到家长的反馈：

“两天生病没来上幼儿园，今天一早起来说一定要上幼儿园，因为上周计划好的今天要玩游戏，跟阿宝说好了要建‘宇航局’的。”

“孩子跟我说了很多次，今天下午不能早接，他要玩游戏，说是他们队里不能少他，我好不容易把他的兴趣班调整了时间。”

“在家里一有时间就去画AK－47，和他爸爸讨论各种武器。”

“孩子说‘六一’节礼物就要这套装备，盼了几天终于穿上身了，一定要穿来幼儿园炫一下。"

教师的感悟

在"兵工厂"这样一场"从有到无",又"从无到有",完全由幼儿的兴趣生发、由幼儿主导的游戏中,看着幼儿全身心地投入、尽情地欢笑,看着一张张稚嫩的脸上露出的骄傲而又幸福的神情,教师被深深地感动了。这才是幼儿应该有的生活,这才是真正属于他们自己的游戏。这也让教师再一次去思考游戏对幼儿到底意味着什么。

1. 幼儿对游戏充满了渴望

对幼小的孩子来说,游戏就是生活,是他们内在童心发展的需要。他们在游戏中,精力得以宣泄,情感得以满足,天性得以释放。幼儿通过游戏再现他们在现实生活中获得的经验,发展对周围世界的认知,同时通过游戏,帮助他们实现在现实生活中无法满足的愿望。因此,幼儿对游戏充满了渴望,他们想要按照自己的想法去游戏,真正成为游戏的主人。教师要充分尊重幼儿对游戏的渴望,珍视幼儿游戏的独特价值,并创设良好条件满足幼儿游戏的愿望,鼓励幼儿通过游戏的方式去建构自己的梦想和意义世界。

2. 幼儿有自主游戏的能力

游戏是幼儿自己创造的。在游戏中,幼儿是发明家、创作家和实验家。(伊丽莎白·伍德,2018)他们想象力丰富、行动力十足,不要担心他们不会玩,即使只是普普通通的材料,在幼儿那里也可能会生发出一场精彩的游戏。一根再普通不过的木棍在幼儿那里却变成了"枪筒""发射器""探测器";一堆废旧的纸板、纸箱,在幼儿的小手中变成了"坦克""飞机"。更不要担心他们在游戏中受伤了、发生矛盾了怎么办。幼儿就是在游戏中,在和小伙伴的磕磕碰碰中学习了自我保护与保护他人,学会了分工与合作,懂得了坚持与协商,增进了同伴间的友谊。

3. 教师要相信幼儿,将游戏的主导权还给幼儿

教师从"成人本位"的立场回归到"儿童本位"的立场,从"我希望孩子在游戏中学到什么”向关注“孩子在游戏中是如何学习和成长的”转变，充分理解幼儿自己在游戏中自主建构的意义世界。

4. 幼儿的游戏需要教师多角度地支持

幼儿有自主游戏的愿望和能力，他们在游戏中主动地发展认知、体验情感、学习交往。但是，幼儿自主游戏的良好发展离不开教师的支持。教师要尊重幼儿对游戏的愿望与想法，鼓励他们大胆地尝试，提供必要的物质与技术支持，遇到幼儿独自解决不了的问题带领幼儿一起讨论，寻求解决办法。站在幼儿的高度欣赏他们的游戏，他们开心时与他们一起开心，真诚地为他们的成功喝彩；他们难过时，给他们大大的拥抱，告诉他们没有关系。教师要与家长积极交流，引导家长共同走进幼儿的游戏、支持幼儿的游戏。教师要做幼儿游戏的观察者、记录者、分析者、共同计划者、参与者、引导者、支持者……

结　语

游戏的精神将伴随孩子一生。“兵工厂”的游戏随着孩子的毕业结束了，教师为没能带孩子见识一下真正的兵工厂有些遗憾，如果能带孩子们去看看真的坦克大炮，看看解放军是怎样训练的，让孩子真真实实地走进军营，对孩子们来说定是一种难以忘怀的体验。但是，我们相信，在“兵工厂”游戏中，孩子们经历了大胆的想象、自由的创造、默契的配合，感受到了亲密的友情、失败后的坚持、成功后的喜悦……所有这一切，定会成为孩子们美好的回忆，更会在孩子们心里埋下一颗热爱生活的种子，伴随一生。

儿童有一百种语言，一百只手，一百种思想，一百种思维方式。教师要悉心呵护这“一百种”，真心欣赏这“一百种”，向儿童学习这“一百种”。幼儿的游戏远比你想象中的更精彩，游戏对幼儿发展的影响远比你认为的更深远；而投入在游戏中的幼儿，正如你看到的——自由、自信、快乐而富有创造。

专家点评

孩子天然的兴趣与冲动里,往往是学习发生的"活"的源头,也便成为滋生课程的沃土。我们的"兵工厂",既是起源幼儿对玩具材料模拟各种"兵器"的自由发挥,也是驱动于教师对男孩子们"打闹追逐"的尝试性支持。

从"五花八门兵器展"里的材料选择和建构操作,到"我是小小兵"里诸多的角色假扮,到"兵工厂全面升级"的"项目"分工及"实战演习",再到"兵工厂无处不在"的经验迁移与延伸,在"兵工厂"的课程故事里,孩子们经历了既有分散的自由表达,也有集中的任务合作;既有对于环境及材料的探索与创造,也有角色意愿的自主表达;既有同伴互动的任务合作,也有在游戏规则下的彼此竞争。这纷繁多样、令人眼花缭乱的活动过程里,可见教师作为教育者的良苦用意,即,既要满足幼儿自主游戏的意愿,又要推进有"任务"指向的项目式探索。

"兵工厂"的课程故事所给予我们的启示是多方面的。尤为值得关注的是,其一,幼儿的游戏活动里,从情境创设的动手探索,到同伴交往的社会体验,从自我的意愿满足,到团体的规则遵循,饱含着幼儿多样化的身心体验与学习价值。围绕着"兵工厂"而依次展开的一系列的学习与探索,尽显着以游戏为基础而创生课程以服务于幼儿多元发展的教育意图。其二,由游戏而开启的学习历程及其师幼互动,需要既充分尊重幼儿的游戏自主,又要教师及时地跟进与推动,在幼儿"玩"的意愿与教师"教"的意图之间,达成适宜的平衡乃至和谐而统一,甚为关键。"兵工厂"的故事叙述里,既有对自主情境下幼儿个体游戏行为的追随与关切,也有对幼儿予以活动分工及组织的介入与推进,实现着幼儿自主与教师指导相互转化和调适的积极尝试。

作为课程故事的讲述，最为核心的任务，更需要着墨的，是自然而真实地叙述和呈现发生着的、实践着的、经历着的课程事实本身。而伴随其间的教师评估或解读，也必须是针对具体的情境及环节而言。做到这一点，我们的“兵工厂”一定会更加清晰而明快，鲜活而生动。

（福建师范大学　丁海东）

"坦克兵团"

福建省厦门市实验幼儿园　罗　盈　黄　晶

持续时间:2016 年 3 月至 6 月

年龄段:中班

造"坦克"的想法

在开学的第一次分享中,有孩子提到了去年的阅兵仪式,其他孩子们来了兴趣,七嘴八舌地讨论起来。

承泽:"我在电视上看到了帅气的解放军和坦克!"

宇鑫:"我也看到了! 我知道这个是阅兵仪式!"

科文:"我喜欢那些大坦克! 如果咱们班也有坦克就好了!"

这个大胆又新奇的提议激起了孩子们想要在班级造"坦克"的愿望。

静淳:"我可以把家里的大纸箱带来。"

柯言:"我可以把家里的坦克模型带来。"

科文:"我可以去图书馆借有关坦克的书。"

坦克之旅就在孩子们高涨的热情中开始了……

"坦克"设计图

科文第二天就把从图书馆借来的有关坦克的书籍带到了班级,其他孩子都围过来一起进行阅读分享。

子游:"我们计划造一辆和书上一样的坦克。"

承泽:"可是从哪里开始呢?"

静淳:“在造‘坦克’之前,我们要先把制作‘坦克’的设计图画出来。”

幼儿知道在造“坦克”前,要先制定简单的计划图,正如《指南》中提到的“幼儿能在成人的帮助下,制定简单的计划并执行”。于是老师提供了纸张、油性笔、有关坦克的书籍,让他们根据坦克的图片并结合自己的想象,画出“坦克”设计图。

图 1　阅读有关坦克的书籍

初级小“坦克”

静淳画设计图的提议让其他幼儿纷纷行动了起来,可是他们的设计图只画了一半,就不知道该如何继续画下去了。这说明现阶段幼儿运用简单符号记录的水平较为薄弱。于是老师引导幼儿观察坦克的形状特征,尝试用表示形状的词来描述坦克的整体与局部,如:坦克是宽宽的大大的,底盘是方形的,轮子是一个个圆形用长长的履带连接起来的,等等。并在接下来的活动中,引导幼儿感受生活中各种物品的形状特征,并尝试识别与描述他们收集来的各种材料;鼓励和支持幼儿用积木、纸箱等各种材料进行组合建构和制作;在美工区用各种形状组合画各种事物的造型,如用大的长方形纸盒做“坦克”的底座,用小的长方形底座做“坦克舱”……

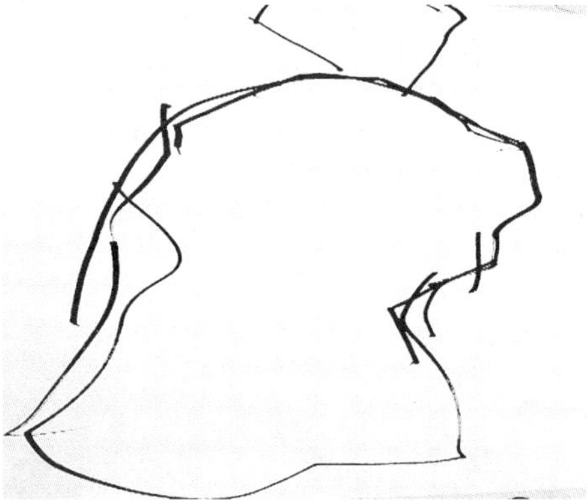

图2　画了一半的设计图

"坦克"的出入口

孩子们将收集来的各式各样的纸箱进行拼搭,"简单粗暴"的初级"坦克"很快搭好了。但是通过对坦克的深入观察和了解,他们很快发现了问题。

静淳:"我看坦克模型是有出入口的,人可以爬进去,可是我们的'坦克'没有出入口的位置呀。"

可是开口应该在哪里呢？孩子们一起查阅相关书籍,在家长的帮助下上网搜索相关信息并且在幼儿园内继续讨论。最后他们决定在坦克侧面和顶上各开一个出入口,并且画出了设计图。根据图示,他们在"坦克"上做出标记,进一步完善了"坦克"的造型。

图3　在"坦克"上做标记

现阶段寻找资料、计划和分工的能力至关重要,借此机会可以培养幼儿形成良好的空间概念。于是老师为幼儿选择能操作、多变化的废旧材料,例如大小不一的纸箱、记号笔、小刀……在每次活动后,幼儿会把制作"坦克"的进展以及出现的问题和大家分享,通过这样的方式分享游戏经验,因此老师设置了一个专门的"会议桌"作为幼儿的"战略工作台",让他们一起发现、分享并记录当下游戏发生的新内容，鼓励他们一起寻找问题的答案，幼儿的社会交往能力、语言表达能力都得到了相应发展。

“履带”的难题

当“坦克”初具模型，“坦克兵团”的组员们开始着手“大炮”的组装，可是“大炮”安装在哪里呢？孩子们通过观察“坦克”的模型，探索“大炮”的安装位置。确定好安装位置后，承泽先用笔在纸箱上画出大致的形状，静淳观察要安装“大炮”的纸箱后，说出了她的担心：“这个纸箱看起来不大，够安装‘大炮’吗？”老师鼓励她“实地考察”，静淳爬了进去，说：“纸箱里的空间很大，都能装得下我，安装‘大炮’一定够了。”

“大炮”安装好了，可是孩子们又发现，由于加上了“大炮”的重量，“坦克”不堪重负，长长的“履带”塌了！

图 4　“履带”塌了

游戏结束后，孩子们开了一个会，记录今天遇到的问题，请大家一起帮忙出主意想办法。

科文：“我觉得用易拉罐好，结构区不是有很多吗？我们可以搬进来试一试。”

言茹：“班级美工区很多大的可乐瓶，一定也可以。”

纳川：“我家有很多妹妹的奶粉罐，妈妈说要扔掉的，我可以带过来……”

第二天、第三天……他们陆陆续续带来了各种各样适合做"履带"的材料。

经过多次尝试，他们发现易拉罐的尺寸做"履带"太小，塑料罐则太软，承受不了"坦克"的重量，只有统一大小的奶粉罐最结实。确定材料后，孩子们齐心协力完成了"坦克"的"履带"。

图5　奶粉罐做成的"履带"

经过这次阶段性胜利，幼儿对粗浅的物理现象有了初步的感知和体验，他们初步理解了材质软硬、大小、排列方法(紧密或疏松)、受力的比较等，尝试用各种材料进行探究，探索最适合做"坦克履带"的材料和方法，"坦克"在多次的改进后终于成型了。回顾主题的进程，教师发现主题活动在艺术领域涉及较少，于是教师鼓励幼儿在美工区制作解放军帽，不仅和主题活动相契合，迎合了幼儿的兴趣，同时也弥补了主题活动在艺术领域的缺失。

超级"坦克"

"坦克兵团"就这样玩起来了，在一次游戏中，宇鑫、承泽、静淳争吵了起来，原来他们都想爬进"坦克"的舱室里，可是小小的纸箱只能容纳一个人，底座的大纸箱是空心的，加上他们的重量，初级"坦克"塌陷下去了。孩子们提出要造一辆能真正登上去玩的"超级坦克"。在老师的启发下，他们很快就放下"私人恩怨"，聚在一起进行"超级坦克"的规划。

老师在场地上给予孩子们充分的支持，拆掉了原本语言区和科学区的泡沫垫,将游戏材料和多余的橱移到餐厅。

孩子们从四楼的资料室搬来了废旧的大桌子当“坦克”坚硬的底部,接着,他们从“坦克”的“履带”开始着手,找来了纸箱的边角料,用鱼尾夹、透明胶、大夹子进行固定,他们不断尝试,把零碎的纸片连接起来,探索固定“履带”最适宜的方法。

“超级坦克”新鲜出炉啦!

图6 “超级坦克”新鲜出炉

动起来的“坦克”

“坦克”建成了,但是怎么让“坦克”好玩起来呢?通过“头脑风暴”,他们找来幼儿园的自行车,观察它的基本结构,发现“动”的秘密。

图7 观察自行车

孩子们发现动起来首先需要一个圆的、会滚的车轮，于是他们在班级寻找可以滚动起来的材料。这么多材料都能滚动，到底哪种适合做“坦克”的轮子呢？

图 8　可以滚动起来的材料

经过试验，孩子们发现圆球会乱滚动，两端不同大小的纸杯会滚歪，纸芯筒虽然两头一样大，但俊龙发现纸芯筒应该承受不了我们的重量。最终，既是圆环状且两头一样大，同时又兼备结实牢固属性的奶粉罐和圆柱积塑当选制作轮子的最佳“选手”。

所有的学习都是从模仿开始的，孩子们通过观察坦克后决定先用多根圆柱积塑绑起来的方式做“履带”，并在上面铺设结构区找来的木板和午睡的凉席，请来班级里最瘦的小朋友进行测试……可是人和木板随着滑动慢慢掉了下来。

图 9　测试

怎么让人不掉下来呢？他们再次观察坦克的模型，并翻阅了相关的书籍，发现“动起来”不仅需要轮子，还需要一个车轴把两端的轮子连接起来。他们猜想：只要用车轴把人和板架起来，这样人就不会随着轮子的滚动掉下去了。

孩子们决定用两端都有盖子，容易固定车轴的奶粉罐做轮子。要固定车轴，得给奶粉罐挖洞，把车轴装进洞里固定住。挖洞成为这个阶段的难题。洞挖多大？需要用什么工具来助力？他们先用锤子和钉子开出一个小口，但是发现“车轴”根本进不去。“女汉子们”找来更厉害的电钻，借助美工刀和钳子把洞口挖到和“车轴”匹配的大小，“车轴”成功进洞。

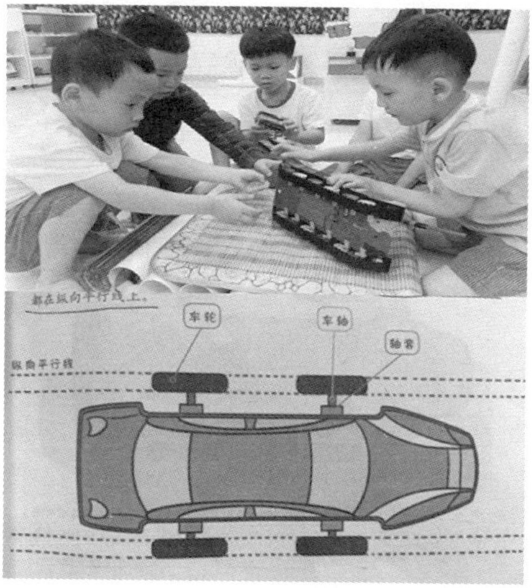

图 10　观察模型、阅读书籍

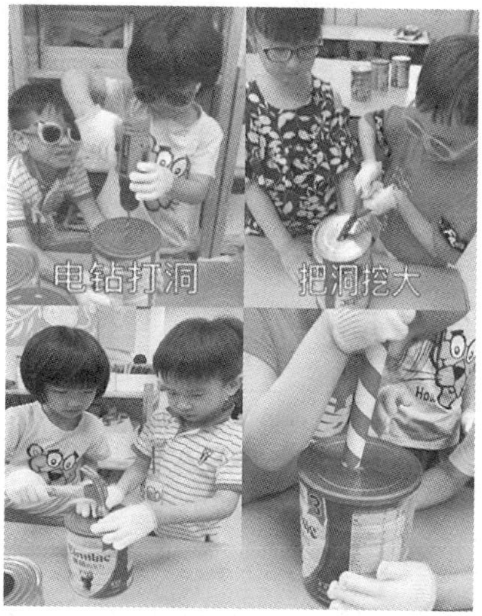

图 11　挖洞

再一次进行尝试时，人还是掉了下来，到底哪里出了问题？他们干脆把班级唯一一辆小车进行了拆解，想要一探究竟。通过观察拆开的小车以及翻看书籍，对比自己的作品，孩子们发现原来在“车轴”上少了一个“轴套”，于是他们找来直径不同的纸筒进行比对，挑选出最适合做“轴套”的材料。

在“坦克兵”们不断地实验改进下，“坦克”终于动起来了。

图 12　做"轴套"

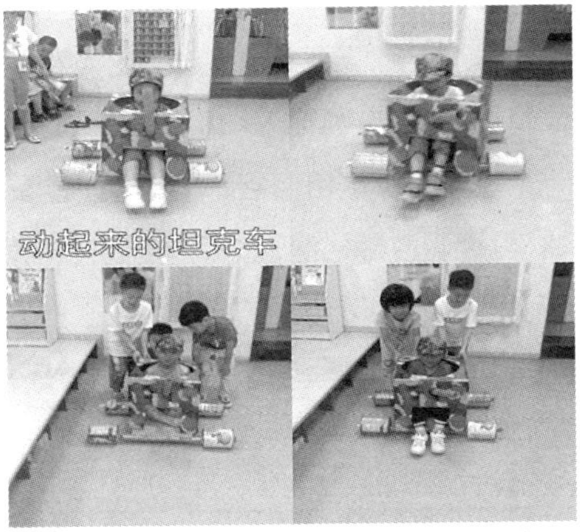

图 13　"坦克"动起来了

制作动起来的"坦克"是一项颇具挑战的工程，小小工程师们虽然在尝试的过程中屡遭失败，但他们"屡败屡战"，在一次次"摔倒"中，互相交流经验，思考如何改进，从而确定更合适的解决方案，这和老师直接告诉他们正确答案是截然不同的。

会发射"炮弹"的"坦克"

在一次游戏中，若灵问："老师，坦克上面的大炮会飞出去打敌人吗？我们可以玩发射大炮的游戏吗？"

其他孩子纷纷响应："我也想玩在'超级坦克'上发射'炮弹'的游戏！""我想要一个超级厉害的'炮弹'，可以让'子弹'飞得又高又远！"

对于坦克炮弹发射的原理以及发射的方式这类物理科学性质的内容，"80后"的爸爸们才是这方面的专家，老师决定要发挥爸爸们的优势，积极调动他们的兴趣，参与孩子的游戏。于是老师将制作"坦克"的过程和孩子们的游戏图文并茂地和家长们进行了简单分享和交流，让家长大致了解我们的活动，并告诉家长孩子们现阶段的需求和兴趣。

有了爸爸们的加入，"坦克兵"们各个不甘示弱，锯子锤子齐上阵，对做"炮弹"，他们是"动真格"的！

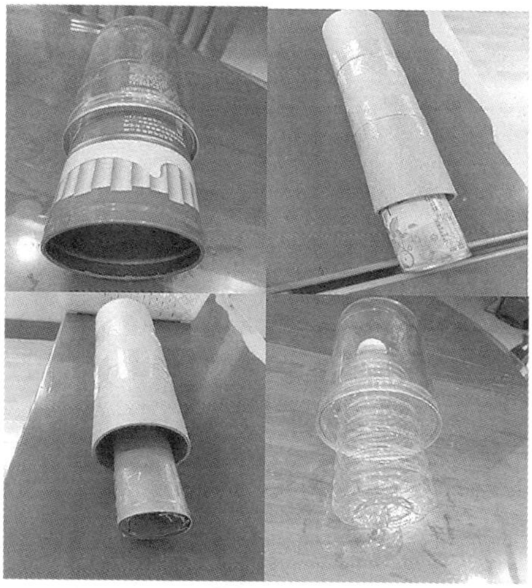

图 14　相互匹配的材料

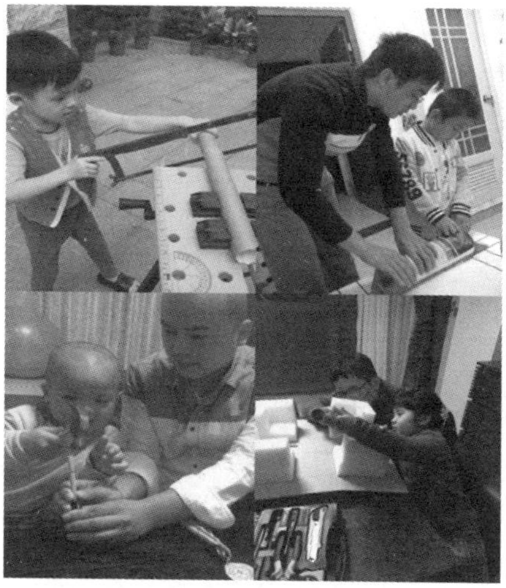

图 15　爸爸们的加入

图 16　皮筋弹力带动内轴发射“炮弹”

图 17　依靠外力发射器发射“炮弹”

弹簧发射器

气球弹力发射

图 18

我们还举行了"炮弹"PK 大赛,评选出"最佳炮弹"。

图 19　幼儿为最喜欢的"炮弹"投票

家庭资源是不可或缺的一部分,在爸爸妈妈的帮助下,幼儿能尝试归类、排序、判断、推理、计划,逐步发展了逻辑思维和数学能力。在科学品质方面,他们能自主探究,坚持自己的想法,在活动的过程中能善于发现问题,尝试分析问题,并努力克服困难想办法解决在游戏中遇到的问题,充满了责任感和任务意识。

“坦克兵团”

“坦克兵团”可受欢迎啦,大家都想来玩!

1. 玩法一:谁击中的次数多

有了“炮弹”,“超级坦克”游戏怎么玩呢?他们制定了新规则:只有穿上“防弹背心”的“小士兵”才能参加游戏,用“炮弹”攻打目标,打中了还能得到印章奖励哟!

图20　谁击中的次数多

他们还讨论出了计分规则,老师提供纸、印章,引导孩子记录击中的次数,评一评谁击中的次数最多,游戏更具有趣味性、目的性了。

在有了计分规则后,孩子们发现了新的问题。

静淳:“我一共击中了七次,为什么你才写四次?”

小尹:“我数了就是四次呀!”

柯言:“我们这样记录好像有点乱。”

小尹:“我们看得懂别人也看不懂,而且我们每次数的结果都不一样。”

老师:“为什么大家的统计结果都不同呢?”

科文:“我数的时候总是会落下几个数字。”

承泽:“我总是重复数印章,每次都数多了。”

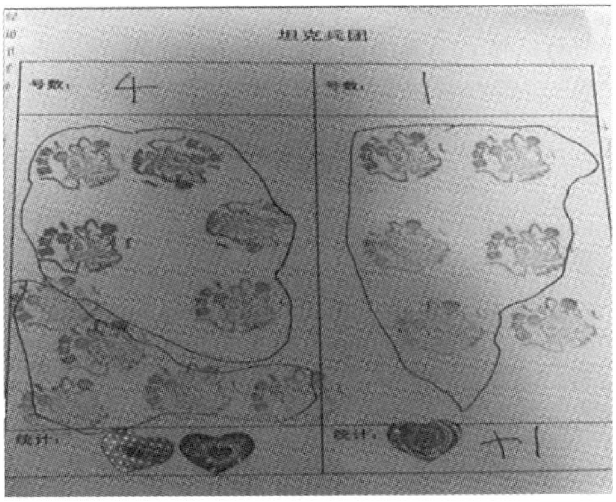

图21 计分表

宇鑫：“我有一个办法，我每次都会把数过的印章圈起来，圈起来就不会漏掉也不会重复再数一次了，而且这样比较快呢！”

孩子们拿出有分歧的记录单，将五个五个的印章用笔圈了起来，得到五个印章就赢得一张贴纸，虽然不能顺利说出总数，但通过统计贴纸的数量，他们能快速比较出谁是胜者。

2. 玩法二：谁的“炮弹”射程远

当孩子们无法用肉眼进行直接比较时，他们初步尝试用自然测量的方法知道谁的“炮弹”飞得远。

图22 谁的“炮弹”射程远

随着游戏角色的逐渐增加和矛盾的解决推进，“超级坦克”游戏吸引了班级大部分孩子的兴趣，“坦克兵团”从个别孩子的想法和经验辐射到了全班，成为男生女生都乐在其中的游戏，最后变成全园都喜欢的游戏。

图23　大家都在玩“超级坦克”游戏

在统计得分结果的过程中,幼儿出现了分歧,但是当他们知道别人与自己的想法不同时,能倾听他人和接受别人的意见,并提出自己的想法。在解决问题的过程中,他们初步萌发了按群数数的意识,知道用数数来确定集合的数量,并能发现一个集合中的物体只能点数一次。幼儿在测量“谁的‘炮弹’射得远”的过程中,初步尝试了用自然测量的方法测量“炮弹”发射的远近,发现了生活中许多问题都可以用数学的方法来解决,体验到了用数学解决问题的乐趣。

在幼儿出现矛盾的时候,教师没有马上介入,告诉他们对错或是正确答案,而是关注到不同幼儿点数结果不同的个体差异,在同伴分享群数的方法后,能关注个别化学习,根据中班幼儿的年龄特点,将按群数数这个大班的知识点,通过五个印章换一个贴纸的方法,巧妙转化为中班幼儿能够掌握的知识点,真正做到“玩中学”。

“坦克兵团”展示会

展示会上,幼儿自信满满地展示了“坦克兵团”“初级坦克——能登上去玩的超级大坦克——会动的坦克——会发射炮弹的坦克”的活动四部曲,他们的表现真正让家长感受到了儿童是有能力、有自信、积极主动的学习者!

图 24　展示会

爸爸妈妈通过观看幼儿的展示,看到了他们身上别样的闪光点,有家长甚至表示:“真是长知识了,这是我第一次这么正儿八经地了解坦克,没想到这次是孩子带着我成长。”

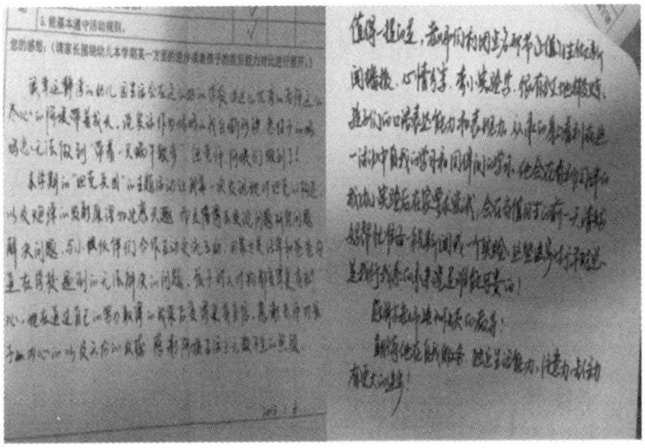

图 25　家长的感悟

“坦克兵团”涉及健康领域(动作发展:拉、夹、穿、绕等大肌肉和小肌肉动作)、语言领域(在游戏过程中和同伴商量、沟通、分享)、社会领域(加入同伴的游戏,互帮互助,遵守游戏规则,具有自尊、自信、自主的表现)、科学领域(探究坦克的建造,大炮的发射,记录游戏的进展以及出现的问题,感知和理解数、量以及数量、多少的关系)……注重领域之间、目标之间的相互渗透和整合,促进幼儿身心全面协调发展，体现了《指南》所说的“幼儿的学习是以直接经验为基础，在游戏和日常生活中进行的”。

“坦克兵团”是由一个幼儿的兴趣点，辐射到全班幼儿的游戏。教师的作用在于通过引导讨论交流机制，促进幼儿进行经验分享，并通过架构幼儿认知的冲突，鹰架和推动幼儿在原有水平的基础上得到发展。在这个过程中，作为教师在满足幼儿探究兴趣的同时，如果能更放手，让幼儿有足够的时间游戏，为幼儿提供更适宜的场所，会使主题中的学习更有深度，从而推进主题不断延续，幼儿在这个过程中也会更加自信、自主。

专家点评

“坦克兵团”是一个根植于幼儿的兴趣和问题之中,并随着兴趣和问题的变化不断生长出来的有机系列活动。在我看来,该课程故事中有四个亮点值得大家学习:

第一,活动具有高拟真性。表现在所制造的“坦克”真的可以让幼儿坐进去,真的可以移动,真的可以发射“炮弹”。正是因为活动的高拟真性,使得孩子们扮演的“工程师”“士兵”等角色也特别真实,孩子们热情参与、积极投入其中。活动过程就是一次“坦克”制造和“坦克兵”演习的实习场。活动中,教师将区域进行调整,为坦克制造留出了较大的空间,同时师幼共同收集了大号材料。与在狭小的建构区进行桌面建构或利用中型积木进行建构相比,宽阔的空间、大型的材料为孩子建构大型作品提供了暗示和支持。大型作品的建构为幼儿提供了较强的空间感和体验感。我认为,幼儿园建构活动既需要有小型建构,适当时候也应为幼儿提供大型建构的机会。

第二,在幼儿用绘画设计受困之际,根据幼儿的水平,教师灵活选择用语言来替代。在绘画“坦克”设计图时,当幼儿无法用平面绘图来准确表达立体造型时,教师引导幼儿在细致观察和回忆生活经验的基础上用语言补充设计。确实,在语言层面上构思作品也是作品构思的一种形式。

第三,利用物质环境对幼儿进行间接指导。活动中教师设置了一个专门的“会议桌”成为孩子们的“战略工作台”,这种物质环境的创设实际上发挥了积极的作用。“会议桌”对幼儿而言是一种“邀请”,鼓励和欢迎幼儿通过讨论来解决问题。

第四,活动开展中教师的目标性和反思能力均较强。活动开展到中间阶段,教师提及对主题进行回顾后,发现主题活动在艺术领域涉及的较少,于是鼓励幼儿在美工区制作解放军帽。我以为好的活动应具有双重目标,首先应是幼儿喜欢的,在活动中幼儿有自己的目的;其次教师应具有目标,应能看到活动对幼儿全面发展的价值。幼儿的目标和教师的目标缺一不可。幼儿有目标教师无目标的活动是放任的活动;教师有目标而幼儿无目标的活动是压抑的活动。该活动中,幼儿的目标是建造"坦克",教师的目标则是幼儿的全面发展。活动中,教师因势利导拓展活动内容,充分体现了教师的专业性。

（南京师范大学　原晋霞）

“走近小瓮”故事多

江苏省扬州市机关第三幼儿园绿杨园　王晶晶

持续时间:2018 年 3 月至 12 月

年龄段:中班至大班

缘起:种植园里的发现

幼儿天生对外界的感知是敏锐的。这不,走进幼儿园种植园不久,孩子们就发现了一处新景致,一排大大小小、形态不一的陶器很快吸引了孩子们的注意。它们是什么,是干什么用的,为什么会出现在幼儿园呢?

图 1　瓮悄悄地来了

原来,春节过后,班上泽慧同学的老家拆迁,不少人家都在处置一些不值钱、不常用的东西。这些陶器就是村民们“处理”出来的,被老师一眼相中,叫了一辆三轮车拖回了幼儿园。它们安安静静地矗立在种植园,无声地诉说着那些带着乡村气息的故事……

“这是罐子，装水的。”

“这是坛子，盛蔬菜的。”

“这是缸，我老家就有。”

“这是古董，古人用的，很值钱。”

…………

孩子们叽叽喳喳地议论着，老师们也加入了热议的行列。缸、瓮、坛、罐……看似寻常的事物，不同的人说出了不同的答案，但始终没得出什么一致的结论。于是，孩子们带着各自的疑问和爸爸妈妈一起想办法“调查”清楚这到底是什么东西。孩子们在家长的带领下，去图书馆查资料，向民俗学家请教，最终得出了结论：这些黑黢黢的陶器大部分都是“瓮”，其中还有两三个是缸。“上古有为土陶者，艺佳，做大容器，称之瓮。”小口大腹便是瓮最突出的外形特征。在本地，人们习惯将小底大腹的瓮称为“坛子”，将底腹大小相当的瓮称为“罐子”。眼前这些瓮虽不是什么价值连城的古玩，但体现了当地古朴的民风民俗，由此，瓮的课程故事开始了……

和瓮交朋友

一有时间，孩子们就会三五成群跑到瓮跟前，看看、摸摸、敲敲、说说……他们对瓮充满了好奇，也充满了探究的欲望。对孩子们而言，认知不仅仅是为了知晓事物的名称，而是要和事物建立对话和联系。基于这样的理念，我们开始和瓮交朋友。

1. 瓮像什么

老师：“瓮像什么呢？”

涵涵：“瓮像超级大的大碗，可以装很多东西。”

小慧：“瓮不像大碗，像一个个子很高的大盆，而且长得很苗条。”

超超：“瓮像酒坛子，我爸爸喝的酒就是像这样的坛子装的。”

孩子们：“瓮像超级大茶壶，可以供很多人喝茶。”

“瓮像超级大笔筒，是巨人专用的笔筒。”

"瓮像黑色的大玉石,圆溜溜的,打磨过了。"

"瓮像一个贪吃鬼,张着大嘴总想吃东西。"

"瓮像我爷爷,整天挺着个大肚子。"

…………

图2　和瓮交朋友

在瓮的面前,孩子的奇思妙想被完全激发了。稚嫩而欣喜的话语里,传达着他们对瓮的观察和对瓮的想象。在一边看一边谈论的过程中,孩子们渐渐发现,眼前这些瓮,无论是大小、高矮、形状或是颜色都存在一些差异。这是为什么呢?

2. 摸瓮

对瓮之间差异的觉察是难能可贵的发现,说明孩子在认知过程中产生并初步形成了比较的意识。比较,不仅仅是视觉行为,孩子们又开始了触觉的体验活动——摸一摸。

小远首先走到了一只瓮的面前,左手在里,右手在外,很细致地抚摸了很久,说:"瓮的里面光滑滑的,但外面有点麻手(麻手,粗糙的意思,本地方言)。"

小瑞摸了另一只瓮:"瓮的里面和外面一样,都很光滑。"

佳佳似乎有点儿不相信,她跑到小瑞摸的那只瓮面前,也摸了摸:"瓮的里面和外面是一样光滑,但口有点麻手。"

佳佳的发现引起了大家的关注。是的,不少瓮的口确实有点儿粗糙,这是为什么呢?

老师:“现在,请小朋友们摸一摸不同的瓮,看看还有什么发现?”

这下,疑问就更多了。

“瓮的外壁为什么有的光滑,有的麻手?”

“为什么有的瓮厚,有的瓮薄?”

“瓮的口为什么都是圆的?”

“为什么有的瓮有条纹或花纹?”

…………

平时话不多的萱萱兴奋地跑到老师这儿问:“王老师,我不摸就晓得,有的瓮口很小很小,有的瓮口很大很大。这是为什么呢?”原来她看到了“藏”在瓮队列中的缸。

3. 瓮和缸

我们班上的孩子都是在城市长大,缺乏农村生活经验。在他们的分享交流中,老师发现他们对瓮不是特别了解,更不用说把缸和瓮区别开来了。

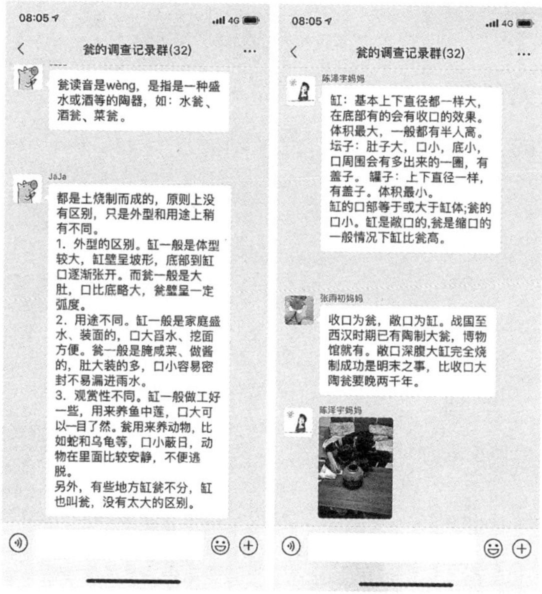

图3　关于“瓮与缸”的调查

肖远首先走到了瓮的面前，左手在里，右手在外，进行比画，感受了瓮的厚度后，立刻来到了缸的一边用相同的方法进行比较，他像发现新大陆似的跑过来跟大家说：“我比了，瓮比缸薄。”

津瑞的比较方法更加直观些，他比较的是瓮和缸的最外圈，同样利用双手感受，用自己的食指比较了下长短，发现瓮的边比较窄，于是又用两根手指捏捏缸的一边，再捏瓮的一边，最后得出结论：缸比较厚。

图4　直观感知瓮与缸的区别

萱萱的爸爸尤其有心，他将孩子们带到瓮跟前，让孩子们在多感官观察中初步感受瓮和缸的特点。回到教室，他又结合图片，从不同方面逐一讲解了瓮和缸的不同。

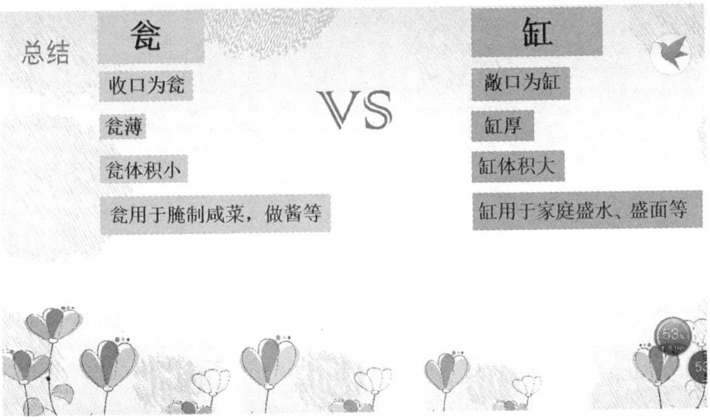

图5　瓮 VS 缸

“玩瓮注意事项”一起定

有一天,超超领着一些小朋友,火急火燎地跑来大声说:“王老师,有一个瓮坏了,有裂缝了。”

跑去一看,果然,一只瓮的瓮壁上出现了一道细细的裂痕,我们太疏忽了,竟然没考虑安全隐患问题。瓮是一种陶器,很可能会破碎。如果瓮破碎了,碎片划伤了孩子,就是意外伤害事故了。我们该怎样“和瓮交朋友”呢？小朋友们分小组讨论,制定相应的规则。

在讨论中,孩子们的生活经验被激活了,提出了不少合理的规则:

① 不能用力地敲打瓮。

② 不能在瓮旁边奔跑捉迷藏。

③ 摸瓮的时候要小心一点。

④ 发现瓮破裂了要及时报告。

…………

在老师的引导下,孩子们将规则进一步总结提炼,形成了“玩瓮注意事项”。

他们还将注意事项通过绘画的方式呈现在了纸上。这一过程,既是安全教育的过程,更是规则意识培养的过程。事实证明,此后当孩子们和瓮在一起的时候,总是相互提醒注意事项,大家的安全意识、规则意识得到了进一步增强。

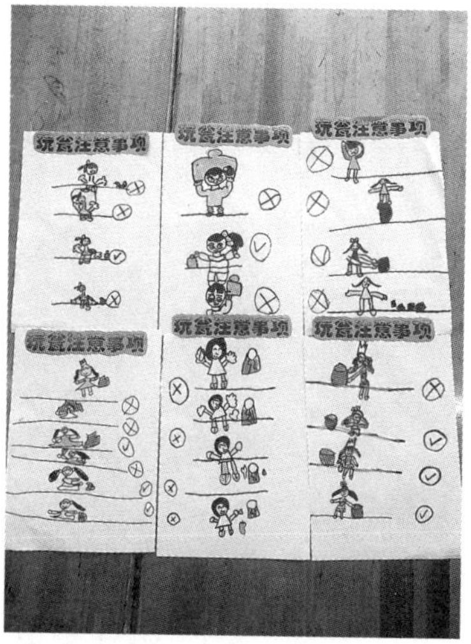

图6　玩瓮注意事项

腌好吃的啦

奕涵:“我们也和瓮玩了一阵子了,可是它到底是干吗用的呢?”奕涵的问题立刻激发了大家的兴趣。

孩子们:“对呀！瓮有的大有的小,是用来干吗的?”

“我知道我知道，是用来装东西的。”

孩子们兴高采烈地讨论着，其中一个孩子说：“我可以躲在瓮里面做游戏。”另一孩子立即反驳：“这怎么行，瓮的口那么小，你只能一个人站在里面还差不多。”

奕涵：“那我可以用它来养各种植物，还可以养一些水生的动物。”

泽慧：“对对，我可以把我捡到的小昆虫丢进去养。”

大家议论纷纷。

翔宇：“这个瓮还可以腌白菜呢，我奶奶家就是，还有咸鸭蛋，好多好多。”

泽宇：“我家奶奶也腌了好多菜”。

孩子们结合已有的生活经验，把自己知道的或者想象的瓮的用途积极与大家分享，并用图画的表征形式将讨论记录下来，进一步规划瓮能用来做些什么。

图 7 “瓮的作用”讨论记录表

大家似乎对用瓮腌制东西特别感兴趣。于是他们带着腌制的问题回家请教了爷爷奶奶，知道了瓮可以用来腌制咸菜、大蒜、鸭蛋等等。

我们请来了经验丰富的小瑞的奶奶，请她和孩子们一起腌大蒜头。第一天，在老师的分组配合下，小瑞奶奶带着孩子们用小篮子装着大蒜头在自来水下洗净；教孩子们剥去大蒜头最外层的皮，留下靠内的一两层外皮；指导各小组分别把脱去外皮的大蒜头放在水盆中浸泡。在这个过程中，孩子们不仅能兴致勃勃、小心翼翼地做好每一件事，还自然而然地领悟到：洗净是为了卫生，剥皮是为了入味，浸泡是为了去除辛辣味。

图8 腌制咸菜

第二天可是技术活，在小瑞奶奶的示范和指导下，孩子们将泡好的大蒜捞出，控干水分，定量置于瓮中；然后用量杯分别量出适量的醋、糖和盐倒进去，和大蒜头充分搅拌；最后用保鲜袋将瓮口封上。这下，大蒜头的腌制工作就算完成啦！

有了腌大蒜头的经历，那我们能试试用瓮腌制其他食物吗？到底腌制什么东西呢？孩子们就腌制的东西展开了讨论，最后统计得出腌制咸鸭蛋的票数最多。孩子们开始积极做准备，迫不及待地想要尝试自己腌制咸鸭蛋，期待之后能享受自己制作的美食。

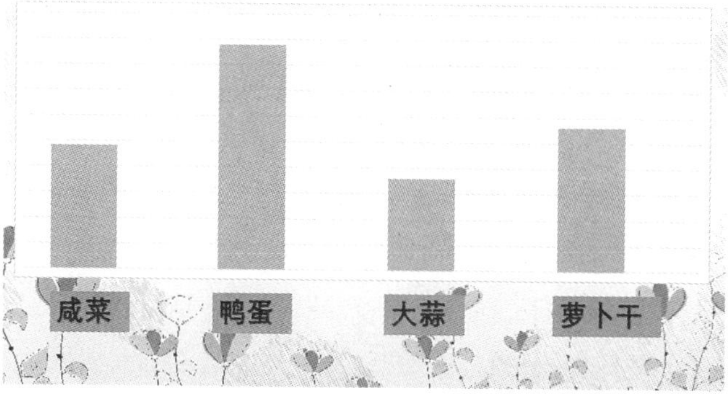

图9 腌制统计表

图10 讨论腌制咸鸭蛋步骤图

在腌咸鸭蛋之前，老师引导孩子们展开了讨论：腌咸鸭蛋大概是一个怎样的过程？孩子们依葫芦画瓢，七嘴八舌地说起了腌咸鸭蛋的操作要点。

春春：“首先要把鸭蛋洗干净，这样才卫生。”

小辉：“把鸭蛋放入瓮中，然后再放入适量的醋、糖和盐，还要搅拌一下。”

“不能搅拌，”大新连忙纠正道，“蛋破了怎么办啊？”

图 11　腌制咸鸭蛋

图 12　将鸭蛋封瓮

大新的话引起了小朋友的思考，鸭蛋和大蒜头是不一样的东西，它们的腌制方法和步骤怎么会完全一样呢？小瑞之前看过奶奶腌鸭蛋，他补充道：“对的，不能搅拌。而且也不能放醋和糖，又不是腌糖醋大蒜。”那么究竟该怎样腌鸭蛋呢？小瑞告诉大家，鸭蛋洗净之后，要放在酒里浸泡一下，便于入味；要及时将浸泡好的鸭蛋滚上一层盐，然后粘上黄泥，控制盐分流失；要将裹上黄泥的鸭蛋轻轻放入瓮中，不能破裂；最后要完全密封，防止细菌“捣蛋”。

老师肯定了小瑞所说的腌鸭蛋的步骤，并请孩子们按照小瑞的方法进行腌制。

大蒜头和鸭蛋的腌制告一段落了，孩子们经常去看看瓮。他们常常满怀期待地抚摸着瓮，有时还用鼻子闻一闻瓮口，但没有一个人私下打开瓮口。有一天开展家长进校园活动，有家长很好奇，想拆掉封口看一看，孩子们连忙说：“不能打开哦，还没腌好呢，防止有细菌进去哦！”

图 13　准备封坛

盼星星，盼月亮，经过大半个月的等待，大蒜头和鸭蛋总算腌好了。孩子们兴奋地打开鸭蛋瓮的封口，一股咸味扑面而来。取出一些，请厨师伯伯煮一煮，开始品尝咸鸭蛋的味道啦！

品尝咸鸭蛋的时候到了。白嫩嫩的蛋白，晶亮亮的、油汪汪的蛋黄，真叫人垂涎欲滴啊！孩子们一个个吃得津津有味，不亦乐乎。

大蒜头呢？孩子们说吃完大蒜头嘴里会有味道。所以，老师干脆让孩子打包带回家晚上吃，和家长一起分享劳动的收获。没想到，不少家长纷纷留言，为我们的活动点赞。

图 14　品尝咸鸭蛋

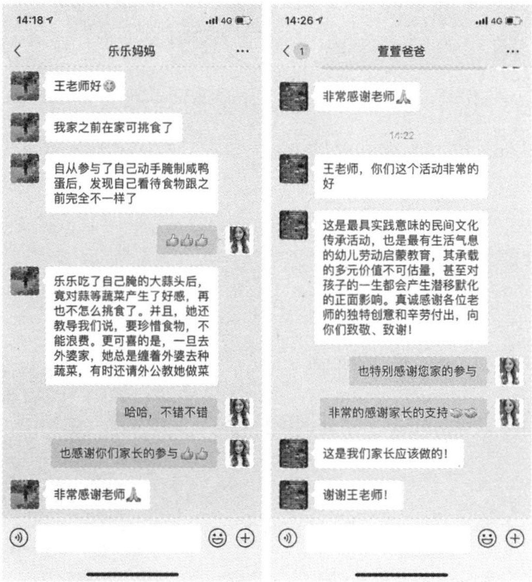

图 15　家长评价截图

我和小瓮比身体

吃过了小瓮出品的鸭蛋和大蒜头，孩子们和小瓮越来越亲近了。每天上学都像跟老朋友打招呼一样摸摸它、拍拍它。“你们发现没，瓮比我们能吃多了，它的肚子能装那么多鸭蛋，我们吃一两个就饱了。”一个小朋友的话立刻引起了其他孩子的注意。“对啊对啊，有的瓮比我还胖。”“我们来和瓮比一比吧，看看谁更高，谁更壮。”“好主意！”孩子们纷纷开始与瓮比身体。他们用卷尺、线绳等测量工具，两两合作，一起试着量一量瓮的高与宽，并及时做上记号。然后，孩子们分别为小伙伴量一量高与“宽”。第一次和这个瓮比、第二次和那个瓮比……在这个过程中，孩子们探讨了诸多问题，比如瓮和自己的“宽”从什么地方量呢，怎样帮高个子伙伴量身高呢，我们量得准不准呢，卷尺上的刻度有什么用呢，等等。

听听瓮的声音

和小瓮比完身体，孩子们把小瓮里所剩不多的鸭蛋“瓜分”了。这时的小瓮变空了，孩子们随意地用小手敲了敲，说：“好像跟之前装满鸭蛋时候的声音不一样了。”“是吗？我来听听。”于是，孩子们一边敲瓮壁，一边侧耳倾听瓮口发出的声音：丁丁、咚咚、隆隆、咚隆咚隆……不同的瓮发出了不同的声音，这是为什么呢？

1. 发现瓮的声音

奕涵：“瓮里怎么会有声音？”

泽慧：“每个瓮里的声音一样吗？”

玫徵：“瓮有的大有的小，会不会发出的声音不一样？”

肖远：“我们对着瓮喊，会有回音吗？”

梓博：“我们敲瓮的外面和里面声音会不会不一样？”

针对孩子们这一系列的疑问，我们搬了一个瓮到教室，大家一起来研究。

图16 听瓮

2. 听一听

竹佑：“我听到了‘滋滋’的声音。”

梓琪：“我听到了怪怪的声音。”

徐森：“我听到了‘咚咚咚咚’的

声音。”

天琪：“我听到了‘嗡嗡’的声音。”

益铭：“咚隆咚隆的。”

泽宇：“我听到了‘呵……’的声音。”

3. 喊一喊

龚悦：“我们往瓮里装水看一看吧。”

其他几个孩子一起配合着，有的拿水杯往瓮里倒水，有的拿水盆往瓮里倒水。

对着水瓮里面大声说话，大家也有新的发现。

图 17　喊瓮

逸雯：“声音变小了。”

梓夏：“真的，声音真的变小了呢。”

“为什么我水瓮的声音和你的不一样呢？”

根据这一发现，孩子们开始探索、寻找答案……

随着水量的增加，孩子们发现，瓮的声音也随之发生了变化，这又是为什么呢？最终，在不断的实验和讨论中教师和孩子们一起得出结论：瓮内空间大小可能是造成不同的瓮声音不同的原因，而同一个瓮之所以会发生声音的变化，是和倒入的水有关系的，瓮内装的水越多，声音就会越来越低、越来越闷。这是多么有趣、多么智慧的科学发现！

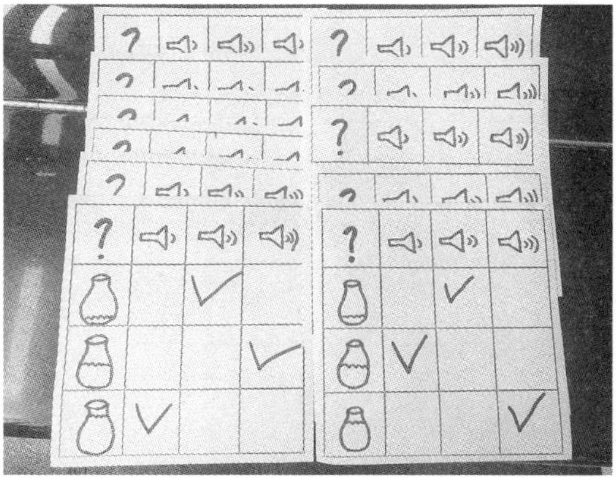

图 18　猜测瓮声音的大小

图 19　验证瓮声音的大小

我们一起来做瓮

图 20　猜测瓮是什么做的

1. 瓮要怎样做

在和瓮进行了这么多亲密互动后，孩子们甚至把瓮当成生活中的一个部分了，每天都围着它们，也总能提出各种各样关于瓮的问题：

“我们天天这么敲，瓮会不会坏掉？”

“对啊对啊，之前我们不是发现过瓮上有小裂痕吗？”

“那瓮为什么这么容易碎？它究竟用什么做的？”

“瓮是钢铁做成的。”“是用泥、铁、布做出来的。”“是用泥土、塑料、玻璃做的。”“是用土做成的，里面那层黑色的是用玻璃做出来的。”“是用黏土做的，捏成形状放在烤箱里烤。”“是用铁做的。”……孩子们又开始了他们的猜想。

2. 验证猜想

孩子们五花八门的猜想要怎样才能获得证实呢？“我们可以回家问爸爸妈妈。”“我们还可以上网找。”……大家想了各种验证自己想法的途径。最终在和爸爸妈妈共同查阅资料、观看视频后，孩子们知道了瓮是用陶土做胚子烧制出来的。

图 21　家长参与调查瓮

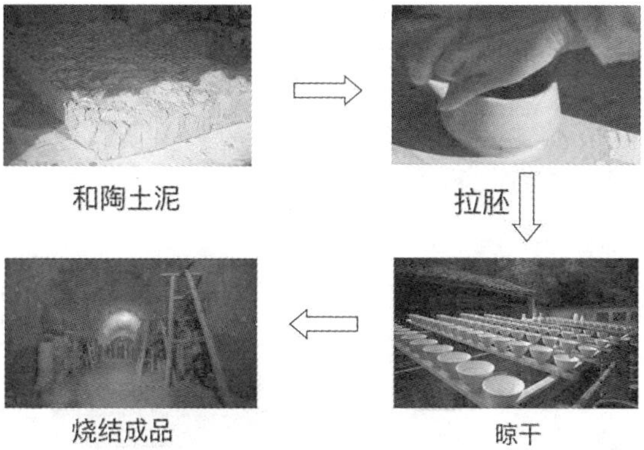

图 22　瓮的制作步骤图

3. 我的瓮最美

“既然知道了瓮是拿什么做的,我们能自己做一个瓮吗?”这一想法一经提出就得到小朋友的积极响应。孩子们用黏土替代陶土,将黏土搓圆、压扁、轻拍、造型、固定……渐渐地,在孩子们手中,瓮有些像模像样了。

图 23　动手制作瓮:搓条

图 24　动手制作瓮:垒高

在完善瓮的造型后,孩子们结合“最美我的瓮”创意设计,通过彩绘的方式装饰自己制作的瓮。不久,一只只形态各异、色彩缤纷的瓮就陈列了出来,成为幼儿园里一道最美的风景线。

为了让孩子们进一步体验瓮的制作,我们还租赁了陶艺机,邀请了陶艺馆的专家,完整地展示了瓮塑形的过程。孩子们瞪大眼睛,只见陶艺馆老师一只手护着瓮的陶胚，一只手向内或向外不断修整，陶胚在不停地旋转着，滑滑的、圆溜溜的，渐渐成型了，渐渐美观了。陶艺馆老师示范过后，孩子们跃跃欲试，争先恐后地想一展身手。遗憾的是，幼儿园里没有陶艺体验馆。这不，不少爸爸妈妈应孩子的请求带他们去陶艺坊学做陶瓮了。

图 25　我设计的瓮

图 26　幼儿在陶艺坊制作瓮

结　语

持续了将近一年的活动丰富了孩子们的生活和体验，也给孩子们带来了成长和快乐。在“讲述我们和瓮的故事”活动中，孩子们积极主动地向家长讲述了幼儿园里“走近小瓮”的故事，家长们非常感兴趣。有的家长拍了视频发朋友圈，有的家长及时抄录了孩子所讲的故事，一些家长按捺不住好奇心，竟跑到幼儿园来一睹小瓮的风采。附近的居民听说了，也常常带着孩子来看一看我们的宝贝——瓮。

图 27　瓮的作品展

专家点评

瓮是一种盛东西的陶器,腹部较大。与以动物和植物为资源相比,以瓮为资源开展幼儿感兴趣的主题具有一定难度。该主题激发和维持幼儿兴趣的策略有:

第一,在植物园栅栏边上摆放数量较多、形状及纹路各异的瓮,犹如一个小型瓮博物馆,容易吸引幼儿的注意。高矮、口径、颜色及纹理不同的陶器会激发幼儿的认知参与,与瓮相关的缸、罐、坛等的生活经验被激活,幼儿在家长的帮助下进行了比较,认识了瓮的特点。

第二,瓮是一种生活中使用的容器,教师提出"瓮像什么"的问题,激活了幼儿的生活经验,使得瓮的形象十分丰富鲜活,像酒坛子、像超级大茶壶、像超级大笔筒、像贪吃鬼、像爷爷的大肚子等。这一部分非常精彩,对于整个主题的顺利开展起到了十分关键的作用。经过与缸的比较以及幼儿的讨论后,幼儿们知道了瓮在生活中主要用于腌制咸菜和做酱。

第三,回归生活,让瓮实现其使用功能。这一部分是该案例的高潮。幼儿在家长志愿者的指导下,亲自体验了用瓮腌制糖醋大蒜和咸鸭蛋的过程。这两个活动,大大增加了幼儿对瓮的情感。经过半个多月的等待和期盼,幼儿品尝了自己亲自腌制的食品,这个品尝过程不仅联结了幼儿与鸭蛋,而且巩固了幼儿对瓮的情感。

第四,制作瓮。受幼儿园的条件限制,幼儿无法在园亲自体验瓮的制作过程,但教师为幼儿提供了用黏土替代陶土,经过搓圆、压扁、轻拍、造型和固定等步骤制作瓮的机会。同时为了减少遗憾,扩展幼儿的真实生活经验,教师租借了真实的陶艺机,邀请了陶艺馆的专家,给幼儿展示了瓮塑型的过程。这部分为该案例做了较为完美的收尾。

(南京师范大学　原晋霞)

大　班

旅行的故事

福建省厦门市思明区日光幼儿园　欧晓华

持续时间:2018 年 9 月至 11 月

年龄段:大班

缘起：幼儿园里的旅行

经过暑假的改建,幼儿园有了大变化,孩子们回园后感到十分新奇:城堡变色了,木制的大滑梯不见了,增加了水池和大圆盘,幼儿园的角落种了新的绿植。壬壬说:“我们现在的幼儿园太漂亮了,就和鼓浪屿一样好看,我都想去旅游了。”壬壬的想法引起了大部分孩子的兴趣,大家决定各自准备旅行工具,来一场有趣的旅行。

1. 旅行开始了

9 月 12 日,在壬壬的号召下,孩子们戴着帽子、拿着相机、拖着行李箱走出班级,在“卢导游”的带领下,在幼儿园到处走走、看看、拍拍,还拿出自己精心准备的食物野餐,玩起了“旅行”的游戏。

很快,孩子们发现由于对设施位置不熟悉,从一个地方到另外一个地方要绕很大一个圈子,浪费时间和体力。怎样可以少走一些冤枉路呢?大家马上行动起来,辰辰发现每一个楼梯口都有楼层的平面图,他把这个发现告诉了小伙伴,那么幼儿园是不是也有整个的平面图?在得到园长妈妈的帮助后,孩子们拿到了幼儿园重新规划的平面图,仔细观察之后发现这些设施中,有些地方,像圆盘和榕树台阶、创意馆和小菜园是紧紧靠在一起的,中间有小门通道,可以少走很多路。寻找“秘密通道”成为这阶段孩子们最为喜欢的游戏。

图 1　园内旅行

图 2　幼儿规划路线

2. 新的愿望:真正的探险旅行

孩子们拖着行李箱在幼儿园游戏着。几次之后,他们提出了新的要求。

轩轩:"老师,幼儿园很好玩,可是旅游不是应该去更远一些的地方吗？鼓浪屿有很多好玩的地方。"

靖淞:"是啊,可以看风景、拍照,跟着导游去玩。"

子晴:"对啊,我们可以找个漂亮的地方,一起分享好吃的。"

充满未知的旅行很快激起了孩子们的兴趣,促使他们迫不及待地想要踏上旅程。

在长期远足课程的锻炼中,孩子们对鼓浪屿并不陌生,外出旅行对孩子们来说更像是成长中的自我挑战。鼓浪屿是相对封闭、治安良好的小岛环境,是开展游戏的有力保证。我们在关注生成课程和孩子深度学习时,更要学会发现孩子的生活。正如《指南》中提出,成人要充分利用实际生活机会,引导幼儿通过观察、比较、实验等方法，发现问题、分析问题和解决问题；不断积累经验，形成受益终身的学习态度和能力。因此，我们决定满足孩子们去鼓浪屿旅行的愿望。

图 3 《我想去旅行》绘本

我们的旅行：第一次旅行

1. 旅行前的讨论：旅行带什么

孩子们对自己的第一次旅行信心满满，兴冲冲地开始了旅行的准备。

垄泽："旅行就是要带行李箱，里面装上外出要用的东西，然后出去玩。"

可昕："旅行就和我们的远足活动很像，可以带上很多好吃的东西和玩具去我们喜欢的地方。"

怡暄："旅行就是出去搭帐篷，野餐，有时候还要过夜。"

家长和孩子们分享的经验中，更多的是从旅行的过程进行表达，对于怎样旅行、旅行前的准备并没有涉及，于是老师进一步追问，引发孩子的思考："马上就要去旅行了，我们需要准备什么呢？"

怡暄：“我需要带一些漂亮的衣服和睡衣，旅游的时候会拍很多的照片。”

子铭：“我们需要带上玩具和手机，路上无聊的时候可以解闷。”

志昂：“可以带上帐篷，当我们需要休息的时候就把帐篷搭起来用。”

以恩：“还有杯子和牙刷，吃完东西要刷牙和漱口。”

孩子们根据自己的需要，记录了旅行准备清单，搜集旅行物品。

孩子们的旅行开始了，结合以往和家长的外出经验，大家迈出了旅行的第一步——准备行李。这会是一次顺利的旅行吗？这一次的外出活动很大程度上需要孩子们自己面对外界的一些问题，考验的是面对问题的态度，合作、交流、解决问题的能力，是一次综合能力的运用和锻炼。

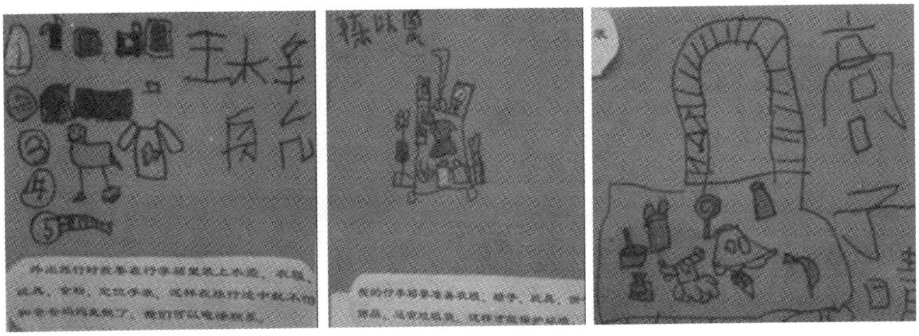

图 4　幼儿外出准备记录单

2. 出发，我们去旅行

第二天，孩子们兴冲冲地拉着自己的行李箱走出了幼儿园的大门。刚走出幼儿园大门，就遇到了第一个问题……

靖淞：“老师，我们今天去哪呢？”

老师：“不是你们带我去旅行吗？老师没有想好呢！”

子轩：“我们去海天堂构看表演。”

芷茹：“我们去日光岩。”

婧航：“可是我想去钢琴博物馆。”

宸硕：“我们去海边吧，可以去挖沙。”

孩子们在校门口站了十分钟，坚持着自己的想法。

垄泽：“都不要吵了，不然哪里都去不了，我们只能去一个地方。”

大家同意垄泽的意见,决定回到班级重新规划。

旅行伊始就遇到了问题,目的地的不确定使孩子们之间出现了矛盾。孩子们发现旅行不像想象中的那么容易,想怎么样就怎么样,而是需要一定的规划,经过协商,统一同伴的意见。于是,制订计划在孩子们的心中开始萌芽。如何达成统一意见,孩子们已经逐步形成自己的方法。

图 5 校门口的讨论

3. 出发八卦楼

很快,孩子们通过提议、讲述理由、投票,分成两队(幺三幺部队和公主与骑士队),把第一次旅行的目的地定在了八卦楼,开始商量自己的行动路线。

幺三幺部队:子铭、梓航、靖淞、轩轩用麻绳圈出了一个不规则图形,告诉大家伙这是鼓浪屿,请同组的小朋友把想去的地方画下来,贴在"鼓浪屿"上,然后用水笔把所有的地方都连接起来,形成了他们的初次线路图。

很快他们的想法被宸硕推翻了:"你们的地图我看不懂,没有起点也没有终点,都不知道怎样走。"宸硕的一番话引起了小组成员的共鸣,大家再次讨论起来,重新商讨起线路图来。

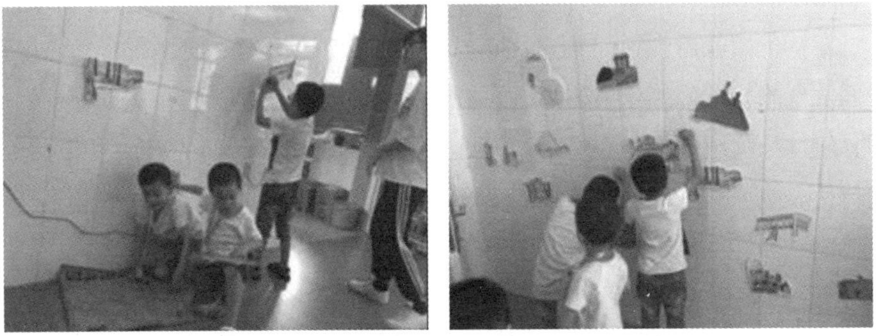

图 6 幼儿初次规划线路

公主与骑士队：芷茹从家里带来了手绘地图，地图上有非常明显的图案标志。通过一番争论、投票，小组决定去八卦楼，壬壬将八卦楼圈起来，作为终点，沿着白色的路段，将八卦楼和幼儿园连接起来。湘湘从幼儿园出发，沿着自己喜欢的景点一路将幼儿园和八卦楼中间所有的路段都连了起来。

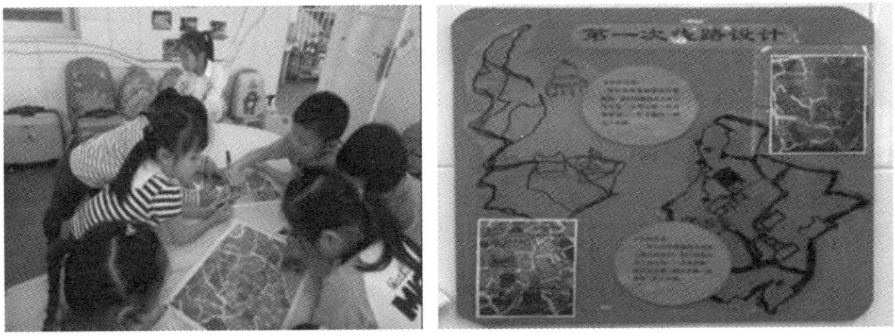

图 7 第一次设计线路

在这个阶段的活动中，孩子们不再总以自我为中心，主动与同伴沟通，能够接纳好的建议，主动组织小组讨论，通过小组的力量解决线路计划中遇到的难题。在观察地图的过程中，发展自己的空间能力，学习合作。

在随后的讨论环节中，汇总孩子们的意见，通过梳理，我们决定保留两条线路。以子轩为代表的大部分男生选择了较为复杂、线路较长，但是可以经过更多景点的线路，以以恩、婧航为代表的大多数女生希望能够选择较短、方便的线路。双方均坚持自己队选择的路线是最合理的。

《指南》中指出，成人应在保证安全的情况下，支持幼儿按自己的想法行动，即使完成的不够好，也应用鼓励的方式给予指导，让其树立自尊和自信。因此我们认为应该尊重孩子的意见，给予他们尝试的机会，鼓励孩子在地图的关键节点做上自己能够识别的标志提示，加强外出安全教育，并联系街道片警共同维护孩子的外出安全，为孩子们的出游安全做好后勤工作。

我们的旅行：最优线路大比拼

1.“夭折”了的旅行

旅行的当天，下起了小雨，期待着旅行的孩子们感到非常失望。

宝明：“老师，我还是想去旅行。”

老师：“可是下雨了呀。”

宝明：“下雨了为什么就不可以旅行？游客下雨也在旅行呀，我上学的时候就看到几个人撑着伞在照相。”

老师：“可是淋了雨会生病呀，大家觉得下雨了我们可不可以出去旅行呢？”

嘉嘉：“我觉得可以！我们可以做好保护措施，只要不淋到雨就不会生病。”

轩轩：“我们可以穿雨衣、雨鞋，就不会淋到雨了。”

孩子们根据自己的想法将雨天使用的工具记录下来。

一场意外的小雨打乱了孩子们外出的脚步，也让孩子们有了新的体会，外出前除了要做攻略，确定地点和工具，规划线路，提前了解天气也是非常重要的，这是生活教给孩子们的宝贵经验。

图 8　雨天旅行记录

2. 第二次旅行开始啦

（幺三幺部队线路：笔山洞——春草堂——汇丰银行——八卦楼）

幺三幺部队成员在队长的带领下，穿过笔山洞，靠近春草堂附近时，小巷多了起来，孩子们开始商量如何前进。

子轩：“我们去问下别人应该怎么走吧，这里的小路太多了，也没有路牌。”

珏壬：“可是要问谁呢？要是别人也不知道路怎么办？”

靖松：“我们要去问本地人，不能问游客，游客也是不知道路的。”

孩子们：“对，我们可以问环卫工人，或者手上提菜的人。”

“不能问带行李箱或者带相机和大包的人，他们就是游客。”

在活动的一个小时中，幺三幺部队先后问了两次路，最终朝着设定的道路到达汇丰银行的附近。但由于孩子们表现出了疲惫的面色，老师决定终止今天的旅行。

图9　幺三幺部队幼儿问路

（公主与骑士队线路：泉州路——金瓜楼——超市——八卦楼）

一出幼儿园大门，领队的婧航就开始自言自语：“泉州路是往哪边走呢？”“我们看看路牌吧！”以恩说。（地图上有路名，孩子们在墙上找到了相同的字）

“接下来要往哪走呢？两边都是泉州路怎么办？”婧航问。

“我来看一下，是往底下走吧，我感觉八卦楼在那个方向。”怡暄指着左边说。

“我觉得是往上边走。”煜琳指着右边说。

公主与骑士队的成员们经过商量选择了与泉州路相反的方向前进，最终离目的地越来越远。

图 10　公主与骑士队幼儿观察地图

孩子们通过亲身体验，他们发现，虽然八卦楼是平时非常熟悉，也和家长一起游玩过的地方，但是想要成功到达不是那么容易的一件事。从地图上看，设计的线路都可以到达八卦楼。孩子们通过实践证明现实和“想象”是有出入的。

通过今天的活动，孩子们构建了新的经验：一是较长的路线虽然可以观赏更多的风景，但也可能消耗更多的体力，应该量力而行。二是即使设计合理也不一定能够达到目的地，还需要具备许多的能力：比如会看地图、能分辨左右等等。

在大家的讨论中，孩子们提出了新的方案。

方案一：幺三幺部队决定在放学后和家长分头从幼儿园出发前往八卦楼，通过计时选择适合的线路。

方案二：公主与骑士队决定重新绘制路线图，标明左右。佳莹也提出可以使用手机地图解决方向问题。

图 11　幼儿第二次线路规划图

孩子的学习是自然发生的，随处都可以让孩子驻足观察与思考，到处都有让孩子沉浸其中、快乐学习的素材。陈鹤琴先生说：“大自然、大社会都是活教材。”鼓浪屿作为一个成熟、完善的社会，是这里的孩子最大的游乐场，教育契机随处可见，孩子与真实的社会情境进行碰撞，获得经验，当这些经验内化到自身的时候，就可以随时生成新的经验。正如《纲要》所说，“教师要善于发现幼儿感兴趣的事物、游戏和偶发事件中所隐含的教育价值，把握时机，积极引导”。教师就是要随时观察儿童的学习过程，辨识有价值的教育契机，营造氛围和情境支持他们的学习。

我们的旅行：我是小小旅行家

1. 新问题出现

第二次旅行还没出发，幺三幺部队就发生了矛盾，垄泽、轩轩、嘉裕、壬壬都想当领队，轩轩着急地说：“这条线路是我和爷爷一起走过的，我最熟悉我来当队长。”

垄泽：“我会看地图，我也找得到，而且上一次你都当过了，应该换人当。”

嘉裕：“我有儿童手表，还认识很多字，我可以认路牌，我也想当队长。”

大家争执了一会，直到公主与骑士队已经走远了，他们才决定这次还是由轩轩带队，垄泽拿着最新绘制的线路图走旁边，嘉裕拿着鼓浪屿地图，壬壬走最后负责安全。很快，他们出发了。两分钟以后，他们遇到了第一个三岔路口，轩轩和垄泽回头和嘉裕确定："这里是直走吗？我们下一个目标是二中。"嘉裕看着地图，手指不停地移动，肯定地说："没错，前面就是二中。我们赶紧出发吧。"走了十五分钟左右，幺三幺部队顺利到达了目的地八卦楼，轩轩途中不忘带领队员们完成了"游客"们最爱做的事：和标志物打卡拍照。

图 12　比对路牌和地图

公主与骑士队今天也开了个好头，在队长婧航的带领下一路朝着正确的方向前进，经过超市后，"公主们"开始有意见了。

芷茹："婧航，也太累了吧，怎么还没到？不是走错了吧！"

以恩看了看地图："没错，你看我们已经过了超市了，直走前面左拐很快就到八卦楼了。"

怡暄："可是我们很累了，能不能休息一下，吃点东西再走？"

婧航看了看周围："这里人太多了，你们喝点水就走吧，很快就能找到八卦楼的。大家加油，我们可不能输给幺三幺部队。"

大家继续向前走，左拐后是一条长长的坡，八卦楼高高伫立在坡顶，大家快速向坡上冲去，不一会儿，孩子们的速度慢了下来。

羽汐："怎么还没到，我快累死了，行李箱好重啊。高老师，你来帮帮我吧，我带了很多东西太沉了。"

虽然负重爬坡很吃力，但到达八卦楼时，他们的开心和兴奋很快冲淡了疲惫，和幺三幺部队开心合影。

图 13　爬坡图

在今天的旅行中，孩子们的合作能力、解决问题能力得到了进一步的提高，在争论中能够很快地表达、协商，另辟蹊径找到解决方法。在回园的分享活动中能够主动提出本次旅行的不足之处和问题。经过讨论，孩子们认为队伍中只能有一个队长，队长太多就不知道听谁的。于是教师组织大家围绕今天的突出问题进行研讨：① 怎么选队长，队长应该做什么？② 行李太重怎么办？

图 14　幼儿自制队长守则绘本

2. 给行李箱减重

怎么才能让行李变轻呢？我们的行李有多重？煜琳从家里拿来了体

重秤。

“哇，子轩的行李箱有 11 斤多！”

“思伊的箱子只有 5 斤。为什么重量差这么多呢？”

三五个孩子围在一起，把自己的行李箱子打开，互相清点起箱子里面的物品。经过大家的统计，子轩的箱子里放了 23 样物品，思伊的箱子放了 10 样物品，佳莹的箱子里有 13 样物品，梓航的箱子有 8 样物品，壬壬的袋子里有 18 样物品。

“难怪轩轩的箱子这么重，你带太多东西了，我们可以拿掉一些不用的东西。”

经过讨论，孩子们依次拿掉了几样玩具、睡衣和感冒药。将行李箱掂了掂，着实轻了一些，放在秤上一称，大家的箱子都减少了一至两斤，轩轩的箱子减重后还有九斤多他还拿着箱子上下楼梯试了试。

“不行，还是很重，我需要支援。”

梓航：“队长，我来帮你，你可以把东西放在我的箱子里。”

这倒是个好办法。壬壬拿来了两个秤，将箱子分别放在秤上，大家一边拿物品，一边观察秤上的重量，最终将行李箱减重到自己力所能及的范围内。

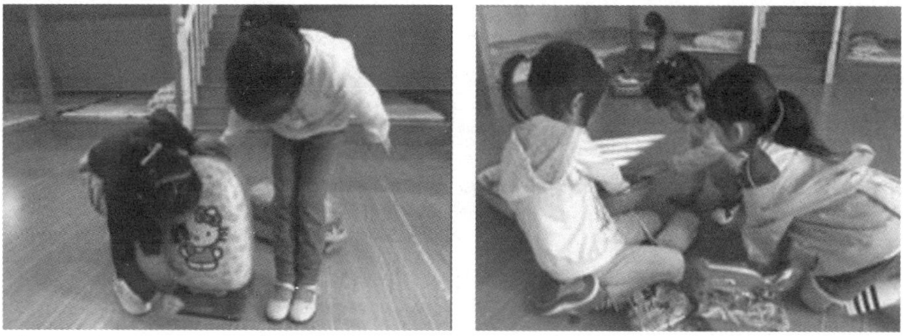

图 15　称一称我的行李箱

幼儿天性好奇、爱探究，在成人眼里看来再简单不过的事，在他们眼中却是那么的神奇和有趣，而兴趣又是探索最好的老师，它推动着幼儿去观察世界、发现问题、解决问题，从而获得各种有意义的成长经验。在给行礼减重的过程中，幼儿不断地尝试和对比，互相帮助，在总重量不变的情况下完成了分配。正如《指南》中所说，幼儿在运用数学解决实际问题的过程中，不仅获得了丰富的感性经验，充分发展形象思维，在尝试归类、判断、推理中逐步发展逻辑思维能力。

我们是旅行小达人

一次成功的旅行给孩子们带来了莫大的快乐和自信，而怎么让旅行更加丰富，成为大家喜欢的游戏，孩子们进行了大量探索。他们走出班级，对所有老师进行采访，了解、丰富旅行的内容，搜集各种旅行的书籍，制作旅行攻略。

图 16　幼儿丰富旅行经验

在接下来的几次旅行中，孩子们走上了鼓浪屿的大街小巷，他们带上简单的道具——绳子，设计有趣的旅行游戏：在草地上拔河，在树丛中“穿越火线”，在遗址的石桩上套索；他们在鼓浪屿的街边巷角里感受艺术之岛的气息：在建筑前写生，在广场上演奏，和雕塑一起玩行为艺术，用相机记录自己和同伴的精彩瞬间；他们穿梭于各个博物馆和纪念馆之间，了解鼓浪屿的前世今生，用心记录在旅行中发现的问题，在展览中寻找答案。

图 17　幼儿自己设计有趣的旅行游戏

图 18　在博物馆、纪念馆中了解鼓浪屿

幼儿的发展

在活动中我们可以看到孩子们深度学习下的发展。

① 在第一次设计的旅行线路与实际路途之间出现差别时，幼儿主动将新旧经验进行有机整合，根据情境进行调用。

② 旅途中辨不清方向时，幼儿能够运用合适的方式向他人请求帮助。

③ 在迷路、选择问路对象以及规划前往八卦楼的不同方案中，幼儿能筛选有用的信息，做出有价值的判断。

④ 在选择线路和给行李箱减重中，幼儿能利用数学方法和能力，创造性地解决问题。

⑤ 根据制订的计划，合理选择旅行物品并摆放整齐的过程中，逐步提高了幼儿自我管理、收纳整理物品的能力。

⑥ 第二次旅行遇到矛盾时幼儿能分工合作，共同完成目标任务。

⑦ 在丰富旅行内容的过程中，幼儿能学习搜集资料，勇于表达，共同提高活动水平。

这一次的旅行带给幼儿极大的成就感和自信心，他们在增强体质的同时，拥有了勇于面对困难、解决困难的能力。这就是游戏的魅力，让幼儿在快乐中学习、发展，是以往单一的领域活动和室内活动中较难以完成的。

教师的感悟

我们寄望幼儿在课程中能够有所收获，能够专注于当下的活动，不断地进入深度学习的状态。在回顾这个旅行的故事时，能够使幼儿进行深度学习和获得成功感、满足感的阶段总是离不开以下三个要素：幼儿的兴趣和需求（内驱力）、是否承载着提供幼儿探索问题的情境、对于幼儿的终身发展是否有益（价值）。

1. 源于兴趣和需求

基于幼儿兴趣和需求的活动更能引发幼儿学习的主动性、参与性、积极性和持续性。这里所说的可能是幼儿当下的兴趣点，可能是幼儿身心发展的需要，也有可能是教师预设的关键经验。基于幼儿的兴趣与需求而预设或生成的，围绕幼儿日常生活中经常会遇到或谈论的话题，才能激发幼儿探究的欲望与激情，是幼儿迈向深层次学习的第一步。

2. 载于问题和探索

深度学习多是在解决问题的情境中发生的。当需要解决的问题与真实的情境联系在一起时，幼儿便在知识与场景之间建立了关联，从而培养运用知识或技能解决问题的意识和习惯；此外，情境中产生的问题经常是综合性的，适于幼儿调动多领域的知识和技能来分析问题、解决问题，有利于促进幼儿的全面发展。正如故事所述，幼儿的旅行从一次次的失败中，发现问题，在尝试解决问题的过程中联系了自身已有经验和观察到的他人表现，重新建构属于自己的、新的、综合的经验，将自己的经验与现实进行连接，在发现问题的过程中，不断调整经验和行为。整个旅行的经历，就是计划、验证、分析、反思、调整的探究过程。

3. 落于长远的发展

无论怎样的学习方式，我们最终的目的都是为了打好基础的教育，为幼儿的终身发展奠定基础。教师在牢牢把握住儿童的核心素养和关键经验后，能够更加清晰地观察到幼儿活动中的发展，引发深度学习。在这一次的旅行故事中，我们更多的落脚点在于幼儿认知和学习品质上的发展：在认知方面发展幼儿的高阶思维能力、问题解决能力和批判性思维;在品质方面,发展幼儿主动、专注、坚持的学习品质。就如在幺三幺部队的旅行中,孩子们分析游客的特征时,就从游客的外形和岛民的特点进行辩证的讨论,最终确定自己问路的对象;在整理行李箱的过程中,通过实际旅行的内容和对过程中突发事件的猜想,取舍自己的行李箱物品。在这些过程中,幼儿学习了辩证地接纳他人的想法和看法,专注地参与分析与讨论,主动地和教师、家长一起探索,学习使用不同的工具,经历了分析和综合的高阶思维过程。

专家点评

“旅行的故事”是孩子们在幼儿园和鼓浪屿“旅行”的活动。这个活动既是游戏,又是儿童的生活体验,也是课程活动。

“旅行的故事”具有游戏活动的特点,它是一个充分给予幼儿自主机会的活动,比如,旅游的想法是幼儿提出来的,旅游的目的地选择和线路规划是幼儿决定的。自由自主是幼儿游戏的核心特质,“旅行的故事”充分地体现了这一点。

“旅行的故事”是儿童真切的生活体验。幼儿的旅行发生在他们生活的城市,他们带上旅行箱,去真实的场所看风景、打卡、拍照。旅行中遇到下雨的天气,不识路的时候找人问路,体验旅行过程中的疲惫和兴奋……这些都是最真切的生活。

“旅行的故事”是严谨的课程活动。老师在规划活动的时候,分析了活动可行性(鼓浪屿相对封闭,治安良好的小岛环境,孩子们对鼓浪屿不陌生),也分析了活动的价值,认为旅行有助于锻炼孩子们合作、交流、解决问题的能力,在这样的前提下才开展幼儿的旅行活动。在旅行的过程中,老师没有错失挑战幼儿能力的机会,让他们面对旅行中的困难,解决旅行中遇到的各种问题,充实旅行的经验。在课程故事的后面,老师分析幼儿发展的时候感叹道“这一次的旅行带给幼儿极大的成就感和自信心,在增强体质的同时,拥有了勇于面对困难、解决困难的能力”。

初读“旅行的故事”的时候,会觉得这个活动非常依赖于鼓浪屿这个地域本身,但略一思考,就会发现,扎根于幼儿的生活场景,运用游戏的特性,让幼儿获得整合性的、多方面的发展是所有幼儿园老师都可以做到的事情。

(四川师范大学　彭俊英)

幼儿园里的窨井盖

浙江省宁波市闻裕顺幼儿园教育集团　张庆庆　孙玲娟

持续时间:2018 年 9 月至 2019 年 6 月

年龄段:大班

缘　起

在闻裕顺幼儿园丽园园区里,有 60 多个大大小小、方方圆圆的窨井盖。在一个风和日丽的中午,孩子们餐后散步时,一个大嗓门的孩子指着脚下的窨井盖,大喊:"这是什么?"喊声一下吸引了老师和其他孩子,大家一起围到窨井盖的周围。这到底是什么呢? 孩子们纷纷讨论开来。

豪豪:"这个盖子黑黑的,好难看。"

悦悦:"这下面是脏东西。"

天天:"什么脏东西? 是我们的大便吗?"

悦悦:"那我不知道,反正我妈妈说,要离这个东西远远的。"

瑶瑶:"我知道,这叫窨井盖。"

儿童的这一发现,是课程最好的生长点。老师开始思考:如果开展这样一个主题活动,老师能引发儿童什么呢? 儿童又能从中获得什么? 于是,围绕窨井盖,老师与孩子们共同开启了一段长长的探究之路……

社区窨井盖的亲子调查

孩子们的争论引发了老师的关注,于是老师因势利导,给他们布置了一个小任务:回家问问爸爸妈妈,这些大大小小、方方圆圆的铁盖子到底是什么,它有什么功能，你还在哪里看到过。

双休日，班级微信上提示音不断，好多家长都发了孩子找窨井盖的图片或视频。星期一的早晨，小乖一脸兴奋地走进教室，手上还拿着两张纸，看见我就高兴地拉起我的衣角。

小乖："孙老师，星期天的时候我和妈妈一起在我们住的小区里调查了窨井盖。你看，我和妈妈还一起做了调查表呢。"

老师："你超额完成了任务，真棒！"

接下来，陆续到班级的孩子，除了和老师打招呼外，都会加上一句："孙老师，我周末去调查过窨井盖了……"

于是，上午的晨谈活动变成了"聊聊窨井盖"。

小乖第一个讲述他发现的关于窨井盖的秘密。他拿着调查表说道："这是我和妈妈一起去做的调查，就在我家小区。在那里我发现了 18 个窨井盖，17 个是圆形的，1 个是方形的。"

天天："我看到过，窨井盖是圆圆的。"

悦悦："我看到过的窨井盖是方方的。"

萱萱拿着从家中带来的关于窨井盖的图片一边给小朋友们看一边说："我发现有些窨井盖上写着一些字。"

老师："哦，还有字，有些什么字呢？"

萱萱："有些窨井盖上面写着'水'字，有些写着'电力'。"

多多："我看到的窨井盖是方方的，写着字母。"

老师："其实，每个窨井盖都有不同的功能，窨井盖上面藏着许许多多的秘密，我们一起去找找看，看看你能找到哪些秘密，想去吗？"

孩子们兴趣浓厚，都想要去找找窨井盖的秘密。谈话的过程，因为孩子们有了调查经验的支持，一问一答，推动了儿童参与的积极性。

我眼中的窨井盖

1. 幼儿园窨井盖初调查

大家一起讨论：对于窨井盖，我们可以去发现什么？讨论中，老师和孩子们一起制作了一张调查表，带着各种各样的疑问来到了操场，开启了我们的调查之旅。

在观察记录的过程中，孩子们分小组结伴行动，两个一对，三个一组，四个一群，边看边记。

乐乐兴奋地对开开说：“你快看啊，这个是‘电信’，我认识这两个字。”

那一头又传来孩子们的话语：“果果，这个还有字母，你看到没有，有‘S’，有‘W’……”

孩子们惊喜地发现，窨井盖上，有的是“通信”，有的是“供水”，有的是“供电”，有的是“排污水”，有的是“燃气”，有的是“消防栓”，有的是“雨水”，等等。有的小朋友还在窨井盖上找到了符号、日期、字母呢。

图 1　调查窨井盖

在调查的过程中，孩子与孩子相互交流的氛围以及孩子与物之间的接触是直接的，每个孩子都积极参与其中，充分发挥了积极性和主动性，得到了真正的发展。

2. 幼儿园里到底有几个窨井盖

孩子们对幼儿园里的窨井盖产生了学习兴趣，他们发现，原来我们幼儿园有好多好多的窨井盖，这让他们很好奇，那到底有几个？孩子们在探索周遭世界时，表现出了他们对数学的概念与生俱来的好奇。于是，老师带领孩子们开展了“数数地上的窨井盖”活动。老师设计了一张表格，孩子们带着表格，和伙伴们开启了数一数窨井盖之旅。

老师：“地上好像有好多窨井盖，我们可以怎么数？”

天天：“老师，我们可以一个个数。”

老师：“一个个数会数不过来吗？落下了怎么办？”

“我们可以的！”孩子们自信满满。

老师：“那好啊，我们去试试看。”

孩子们开始第一次数窨井盖，几分钟后，老师听到了很多答案，有的说 51 个，有的说 43 个，有的说 64 个……

3. 各种数窨井盖的方法

面对不一样的结果，老师继续问道：“为什么我们数出来的窨井盖有那么多答案呢？”

昊昊：“我们可能跑得太快，有些地方没注意，遗漏了。”

小乖：“人太多，跟着前面的人一起数了，我们这样数肯定要数错。”

老师：“那我们怎么样可以数得精确点，数过的地方不会再去数呢？”

萱萱：“孙老师，我知道了，我们可以在窨井盖上做个记号。”

“对，对，这样子我们就不会漏下了。”孩子们表示赞同。

老师：“这可能是个很不错的办法，我们分成男孩组和女孩组，去试试看。”孩子们的第二次数数开始，在数过的窨井盖上面用粉笔标注“+”和“0”，最后，男孩组数到 67 个，女孩组数到 64 个。

“咦，怎么还是不一样呢？”孩子们有些纳闷。

“孙老师，我们能不能再去数一次？这次我们放雪花片在窨井盖上，一组放，另一组收。”小乖说完后，孩子们纷纷点头附和。

老师：“这个方法听起来不错，可以试试。你们先自主商量好怎么做，再找我拿工具。但我有个要求，刚才两组回来报告的数量不相同，说明大家还是会有遗漏的地方，这次我希望做到每个角落都不放过，检查仔细。”老师为两组分别准备了 5 个箩筐和数量相等的雪花片。

于是,老师就看到这样的场景:孩子们自主商量后,女孩组继续留在班级,男孩组分两小组,走到大厅门口后向左右分开行动。5 分钟后,男孩组回到教室,女孩组行动,其中两个女孩快速跑出去查探是否有遗漏,回来后再和其他女孩子一起去收窨井盖上男孩组放着的雪花片。

当女孩组回到教室把手上的雪花片放在桌上,看到一堆雪花片,怎样才能很清楚地数,1 片 1 片,还是 2 片 2 片,还是 5 片 5 片? 数数是日常生活中常用的技能,而对于有一定数概念的大班孩子有必要探索、学习群数的方法,所以,老师开展了一次集体数学活动“按群数数”,通过参与实践活动,选择自己喜欢的群数方法来解决生活中的数数问题,使数学方面的能力得到发展。

图 2　原来的方法

图 3　现有的方法

图 4　加入的方法

一次数数活动,让老师看到了孩子们主动学习的能力。这种品质是他们通过讨论、合作、实践发展起来的。这次数学活动中,孩子们探讨出数数的多样性,为他们在数数活动及其他数学活动中的注意力、观察力、思维等方面发展奠定了良好的基础。

画画我的窨井盖

孩子们在探究过程中,也经历了冲突。

乐乐:“这些窨井盖,好玩是好玩,但为什么都是黑乎乎的? 无论是在我们的小区,还是幼儿园、马路上,好像都是黑乎乎的。”

老师知道,儿童的问题一定是课程开设的一个方向。于是,老师把这个困惑抛给了年级组,因为在我们年级组一直都有一个很好的课程审议模式,同样,这次,老师也得到了很好的帮助。

A 老师:“我在日本旅游的时候,看到过他们国家地上的窨井盖是很漂亮的。”

B 老师:“是的,现在有很多国家,还有城市,他们的窨井盖做得很有艺术味道。”

老师兴奋地说道:“对啊,我们也可以让儿童去了解了解。”

1. 纸盘上的窨井盖

孩子们从家里带来了很多有关窨井盖的图片,这些都是国外一些具有本土文化的窨井盖,孩子们认识了日本漂亮的樱花窨井盖,认识了法国埃菲尔铁塔窨井盖……每个窨井盖都有其独特的故事。

老师:“你们怎么找到这些窨井盖的?”

好好:“我和妈妈一起在电脑上找到的。”

子赫:“我爸爸从温州拍照片给我的,他说他从书上找来的。”

“这些窨井盖如此漂亮,你们有何想法吗?”老师试探地问孩子们。

明轩:“它们很漂亮,我们可以把它们画下来啊。”

“对,这是一个好办法。画的和他们一样吗?”老师问道。

枫枫:“我觉得,我们可以画不一样的,各种各样的。”

于是,窨井盖纸盘画开始了。

2. 立体创意窨井盖

一天,孩子们又谈到了窨井盖。

果果:“庆庆老师,我们可不可以装饰幼儿园的窨井盖呢?”

老师:“这个你们得问园长妈妈。”

于是孩子们拿着自己设计的窨井盖花纹,自发地去找园长妈妈:“园长妈妈,我们能不能在幼儿园的窨井盖上画好看的花纹?”

“为什么你们会想到在窨井盖上画呢?”园长妈妈问道。

孩子们给出了各种充分的理由,终于说服了园长妈妈。

第三天老师邀请到了几位可爱的妈妈,大家提议去幼儿园操场上画真正的井盖画，要用上颜料，画上好看的图案，来装扮我们的窨井盖。孩子们兴高采烈，带上设计图、水桶、颜料、笔等工具，分组来到操场，小组成员讨论后，就呈现了这样的画面：一个勾线，一个拿设计稿，两个做参谋。完成设计后请妈妈们审稿，然后分工开始上色。有的组画轮船，有的组画蝴蝶，有的组画花朵……大家忙得不亦乐乎，就连园长妈妈也加入了。

图5　纸盘上的窨井盖

图6　立体创意画

孩子们的能力远远超出老师的想象，他们不要老师帮忙，在商量、讨论、合作中，愉快地作画。他们会想到先用记号笔勾线，再用颜料作画。他们能在相互配合中，用团队的力量解决困难。让老师感到特别惊讶的是城城，平时不爱画画，不敢大胆表现，今天居然能和同伴一起完成一幅那么漂亮的画。

3. 彩绘小区里的窨井盖

孩子们还不仅仅满足于幼儿园这些窨井盖，他们还很想在小区里给那些窨井盖来个大变身。基于孩子们这样的想法，老师立刻联系了社区叶书记，她很支持这个活动，于是大家又在小区开展了窨井盖绘画之旅。

活动后，有几位家长反馈：“庆老师，这个活动真有意思。”

另一位妈妈说：“是的，难得能和孩子一起这样画画，还是很有味道的。”

果果妈妈说：“以前在国外看到过这种作画方式，现在我们幼儿园也有了，我们的孩子真幸福。”

在孩子们绘画的过程中，他们发现了窨井盖上的花纹不一样，是高高低低的，于是老师问孩子们：“还有什么是高低不平的呢？”

一个男孩:“我看到过,银币上面的花纹,它也是高低不平的。”

川:“有些石头也是高低不平的。”

于是,孩子们对花纹产生了兴趣,他们开始拓印银币上的花纹……

窨井盖下的世界

1. 窨井盖下面是什么

在这个课程探索中,每当孩子们在小区散步时,会不自主地观察小区里的窨井盖。很多孩子都忍不住问老师:“庆老师,窨井盖下面会是什么样子呢?”孩子们开始猜测。

“肯定都是水。”

“会不会是大便?”

“我们看到过‘水’字的窨井盖,下面应该会有水管吧。”

2. 工作人员的解释

在孩子们的猜测中,我们很高兴找到了社区的工作人员,带着孩子们的疑惑,我们让工作人员打开了一个窨井盖,原来下面真的有管子,还有水表。陈陈爸爸利用自己的资源,找到了地下共同沟,虽然孩子们不能去参加,但是老师邀请了工作人员来园给孩子们介绍他们的日常工作,他们要定期维护窨井盖,保证窨井盖的安全,还向孩子们介绍了窨井盖的各个用途,让孩子们大开眼界,原来地下世界如此神秘……

窨井盖它串起了整个城市,可以说是一个城市的命脉——水之脉、电之脉、网络之脉,让大家能够同时使用水、电、网络等,方便快捷。

3. 孩子们眼中的地下世界

孩子们用他们自己的经验画下了一幅幅美丽的地下世界,这对于大班孩子来说是一次学习新知识的机会,大大提升了他们的认知经验和学习能力。

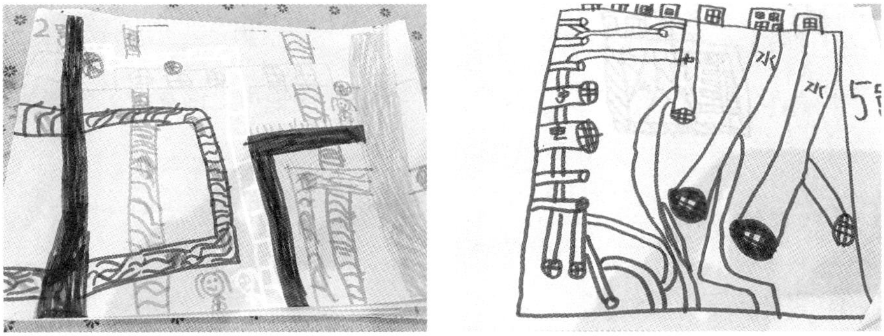

图7　设计地下水世界

建构地下水世界

孩子们对于窨井盖的认知已经很深入，有过设计地下水世界的经验后，孩子们在一次建构活动中，突然提议想要用雪花片搭一个地下水世界——水管，这让老师很期待，雪花片怎么搭出地下水管世界呢？

1. 选择建构材料

大班的孩子有自主选择的能力，他们对需要什么颜色、大小的雪花片已经有了认识，于是孩子们开始思考地下水管应该是什么形状的。因为之前已经看过地下水世界的构造，自己也进行了设计，所以，孩子们一致决定要搭椭圆形的、长长的水管。

2. 呈现地下水世界

确定了形状，孩子们开始讨论怎么搭，是自己一个人搭，还是和同伴合作，共同搭建。于是，老师看到了这样的场景：有独自搭建的，有两人一组合作搭建的，还有小组设计、分工搭建的。有些孩子想法很奇妙，却在搭建上缺点技巧。

咚咚和小米设计的地下水管展现在了桌子上，与此同时，他们和同伴商量了起来。

咪咪：“你这个好棒，你还搭了一个阀门。”

韩韩：“能和我们的连起来吗？”

小米:“可是还缺点什么呢?”

咪咪:“好像还不够长。”

韩韩:“对,我们再搭得长点。”

三个孩子根据自己的生活经验,进行更改。大班孩子有很强的自主性,因此,老师将雪花片材料投放的权利交给孩子,在老师支持和鼓励下,孩子们用自己的双手和智慧再现认知经验,表达情感,创造作品,完成了他们眼中的地下水管小世界。

图8 雪花搭建的地下水管

孩子们都很有成就感,将自己的名字牌放在旁边,他们还对老师说:“庆庆老师,这个水管能多保留几天吗?我想多欣赏几天。”“当然可以啦!”老师把他们的作品拍了下来,发在了班级微信群,家长们纷纷点赞,对孩子们的创意给予了肯定。

教师的感悟

围绕窨井盖这一主题活动,教师形成了学习共同体。在窨井盖的探究活动中,教师崇尚儿童的自然智慧,倡导相信儿童、欣赏儿童,为儿童创造进一步学习的可能。

窨井盖的故事让教师坚信儿童拥有自己的生长根茎,这种根茎是天生的,是自然赋予的,也是在学习中强大起来的。它充满了无限的生命力,它会不断地分叉、繁殖,长出新的枝丫,结出新的果实。在窨井盖探究之初,教师呵护儿童的兴趣需要,尊重儿童发展的自然性,不断推动儿童稚嫩而不断成熟的心理力量和精神力量。窨井盖的故事让教师看到了儿童自己的天性。儿童的天性是儿童之为儿童的根据，是儿童特有的表情。一个个小小的窨井盖，让儿童学会用自己的眼睛看它，用自己的方式表达它。这种天性，体现在儿童对窨井盖的好奇，对窨井盖地下世界的想象，对窨井盖一个又一个稀奇古怪的问题。窨井盖的故事也让教师发现了儿童的许多秘密。虽然童年的秘密内容会变，表达方式会变，但秘密一定会深埋在儿童的心底，只是我们教师没有发现而已。教育的智慧，就是在呵护儿童童年秘密的同时，去发现童年的秘密，让童年的秘密转化为一种创造。

窨井盖课程使儿童的经验不断得到螺旋式的上升，不仅横向上不断拓展，还在纵向上持续深入，逐步形成了“窨井盖”核心概念下的经验网络。窨井盖课程让儿童站在了舞台的正中央，儿童不仅是教师教育教学的对象，还是发展需求的发出者，是主题活动的参与者，是儿童文化的创造者。窨井盖课程解放了儿童的眼睛，解放了儿童的双手，解放了儿童的大脑，同时，他们也真真切切地感受到了一种自由、一种快乐、一种飞扬。窨井盖课程构建还没有停止，窨井盖故事还将继续……

专家点评

这则故事围绕幼儿对窨井的探究兴趣，灵活地运用了集体、小组和个别活动的形式，组织了晨间谈话、集体活动、区域建构等活动，为每个幼儿提供了充分参与的机会，体现了教师较强的“儿童意识”和“课程意识”。不过，更吸引我、也更有拓展空间的是教师在故事中多次提到的或透露出的“共同体”的意识。

教师和幼儿一起探究。师幼共同体在这个探究过程中表现得非常充分，“我们”是出现频率较高的词汇。比如，在社区窨井盖的亲子调查之后，面对幼儿不同的发现，教师发起“我们一起去找找看，看看你能找到哪些秘密?”的提议，支持了幼儿探究的兴趣。在“我眼中的窨井盖”环节中通过“老师和孩子们一起制作了一张调查表”开展调查之旅。在了解窨井种类、数量环节，教师跟幼儿一起解决问题，尝试了“一个个数”“在数过的窨井盖上面用粉笔标注‘ +’和‘0’”“放雪花片”等方法。在共同探究中，教师给予幼儿支持，幼儿也影响教师，比如“儿童的问题一定是课程开设的一个方向”“孩子们的能力远远超出我的想法”等等。

家长和社区人员共同参与。在活动的各个环节都有家长不同形式的参与。为了帮助幼儿了解“窨井盖下面是什么”邀请了社区书记、相关工作人员的参与，一位幼儿的爸爸还利用自己的资源，帮助找到了地下共同沟并邀请了工作人员来园给幼儿介绍他们的日常工作，为幼儿深度了解窨井的作用提供了支持。当然，家长通过参与这样的活动也收获了宝贵的感悟，这也会促使家长思考如何更好地陪伴孩子。

杜威说，共同体主要体现在“目的的共享和兴趣的沟通”。如果在师幼共同探究的基础上再更翔实地呈现教师之间围绕类似“如果开展这样一个主题活动，我们能引发儿童什么呢?”“儿童又能从中获得什么?”的审议过程以及教师与家长、社区人员关于活动的沟通过程,那么就会更加充实共同体的意义。

(江苏省教育科学研究院幼教与特教研究所　何　锋)

娃娃卖菜记

江苏省南京小天鹅幼儿园 张 静 冒 萍

持续时间:2018 年 10 月至 2019 年 1 月

年龄段:大班

缘 起

10 月,秋天带着一身金黄,迈着轻盈的脚步,悄悄地来了。幼儿园里的小农场又有了新的种植计划。每个孩子都参与了种植活动,小农场里不仅有个人种植区,还有集体种植区。每天区域活动时都会有孩子去小农场观察、照料自己种的蔬菜,他们细心地给蔬菜浇水、施肥、除草……一天天过去了,小农场里的很多蔬菜都成熟了,绿油油的,一片丰收的景象。

图 1 我给蔬菜浇浇水

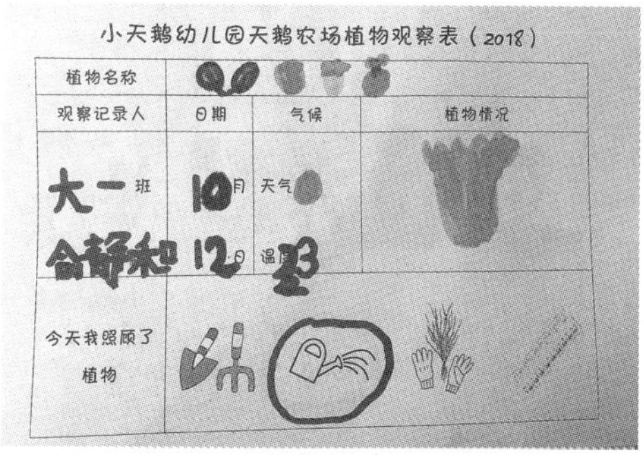

图 2 天鹅农场的植物观察表

一次区域活动中,小杰和小烨两名小朋友在土里发现了一个炸裂的萝卜。小杰认为是有人故意搞破坏,小烨认为是萝卜熟透了所以炸开了。两人争论不休,小农场的老师告诉他们萝卜裂开的原因有很多,可能是浇水不均匀或是土壤等问题。小杰和小烨把这个萝卜从土里拔了出来带回了班,和大家分享了“萝卜爆炸了”的有趣事件。

小农场里居然有那么多有意思的事情等着我们去发现,多有趣啊!大家亲手采摘蔬菜,不仅能体验劳动带来的快乐、丰收带来的喜悦,还能发现很多秘密哦!

在接下来的两个月中,小农场里还发生了更多有趣的事情,“娃娃卖菜记”也随之拉开帷幕……

图 3 “萝卜爆炸了”

采摘蔬菜前的准备

11 月份,小农场丰收了,大家都跃跃欲试,准备采摘丰收的果实。可是采摘蔬菜也要做一些准备,需要做哪些准备呢?孩子们议论纷纷,谈着自己的想法。

多多:“要带铲子去,蔬菜的根埋在土里很深的,要用铲子挖。”

南南:“有的菜可以用手拔出来,不过小心会把手弄破。”

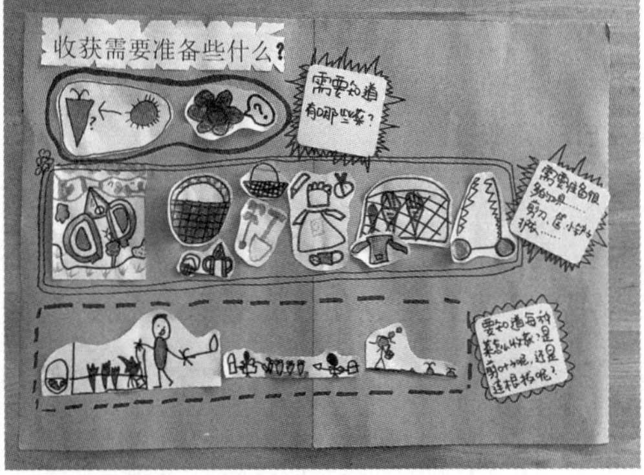

图 4 收获蔬菜需要准备些什么

宝儿:“那就戴手套。”

笑笑:“带个篮子去装吧。”

谨然:“上次我摘小青菜的时候是用剪刀的,不是拔的。”

坤坤:“大萝卜肯定是拔出来的。”

根据孩子们的讨论,我们和孩子们一起进行了小结和归纳,并进行了采摘的相关活动。活动“蔬菜大丰收”,帮助幼儿了解小农场里每一种蔬菜的名字、外形特征等。在活动“蔬菜怎么摘”中,孩子们知道了收获蔬菜的不同方法,比如有的蔬菜要连根拔,有的则是需要剪上面的叶子等。通过“有用的工具”这一活动,孩子们了解采摘蔬菜要用哪些工具,并尝试使用工具等。

图5 学习蔬菜采摘的方法

图6 工具怎么用

第一次采摘

11 月 15 日的区域自选活动时,5 名孩子参加了采摘工作,孩子们采摘了大青菜、小青菜、红萝卜等蔬菜。大青菜个头大,可不容易拔呢,两个人合作拔,还是拔不出来,最后他们使用工具——铲子,在老师的帮助下终于成功了。面对丰收的蔬菜,孩子们有了新的问题。

1. 问题一:采摘下来的蔬菜怎么办

有的孩子想把自己采摘的蔬菜带回家,有的孩子不同意,说这是幼儿园的东西,不能带回家,这可怎么办呢?

又有孩子说把蔬菜送到伙房,请伙房叔叔帮忙做成美食,大家一起品尝。大家都觉得这真是一个好办法,于是孩子们把一部分蔬菜送到了伙房,大家动手清洗蔬菜，伙房叔叔做出了好吃的菜肴，大家一起品尝，连平时见到蔬菜就愁眉苦脸的孩子都吃得津津有味，大家都说自己种的蔬菜就是香。

2. 问题二：除了自己吃，还有什么好方法吗

还有一些蔬菜没有吃完，小农场里还有很多蔬菜等着我们去收获呢。有孩子提出我们还可以把多的蔬菜卖掉，这样不仅可以让更多的人分享我们的绿色蔬菜，还可以把卖菜得来的钱捐给需要帮助的人，这个想法得到了大多数孩子的赞成。

图7 伙房叔叔把蔬菜做成美食

卖菜初体验

说干就干，当天下午采摘小组的孩子们积极做准备，在老师的帮助下，孩子们给剩余的几种蔬菜称了重，制定了价格。下午，孩子们进行了第一次的卖菜活动，园长妈妈和老师们很支持我们，很快蔬菜就销售一空了。

图8 萝卜真重啊

图9 园长妈妈来买菜啦

由于这是我们第一次卖菜，也是临时生成的活动，在卖菜的过程中出现了很多问题，活动后小组成员进行了分享和交流。

添添：“我称了青菜，还是不知道多重，我看不懂。”

贝贝:“这个秤怎么用呢?”

辰辰:“我们不知道卖多少钱啊,是随便定吗?”

龙君:“有一个客人来买菜,没带袋子,我也没有。”

瑶瑶:“我不会算钱。”

由于是临时生成的活动,孩子们没有前期的经验准备,遇到了很多问题,比如:在给蔬菜称重时,不太会看秤,不会使用秤;没来得及做价格标签,制定价格全靠老师的帮忙;卖菜时没准备袋子,顾客的菜没地方装;卖菜的时候不太会和顾客交流,不会宣传自己的蔬菜;收钱的时候有点慌乱;等等。

大家发现,卖菜可不是那么容易的事,蔬菜怎么包装、怎么称重量、怎么收钱、卖菜需要什么、怎么卖菜,这些都需要我们去了解。于是,我们决定先去菜场看看别人是怎么卖菜的。

小菜场,大发现

1. 走进菜场

11 月 17 日,利用周末的时间,孩子们真实地体验了一次买菜的过程。

爸爸妈妈、爷爷奶奶带着孩子们一起走进菜场,了解菜场是什么样子的,菜场里有什么,人们是怎么买菜和卖菜的。

图 10 称一称有多重

图 11 付钱

2. 我的发现

在菜场里，大家有很多发现，我们请家长和孩子们一起完成了一份“小菜场大发现”的调查表。调查表围绕“菜场里有什么？你在菜场买了什么？还有什么发现？”等问题，请孩子们把自己的发现记录在表上，周一入园时和同伴分享交流。

图 12 “小菜场大发现”调查表

南南发现菜场里有二维码，有检测中心，有各种各样的蔬菜。

肉肉发现菜场的菜都是整齐地放在台子上的，有的在篓子里，有的在筐里。

京京发现菜场里有复称台，如果你觉得自己买的菜重量不对，可以再去称一称。

小帽子发现付钱的时候可以用现金，也可以用手机扫码付钱。

逍逍发现了公平秤……

卖菜需要准备什么

参观过菜场，孩子们有了建一个“小天鹅爱心菜场”的想法。有了走进菜场的经验，大家更有信心经营好我们的小菜场了。卖菜究竟需要准备哪些东西呢？

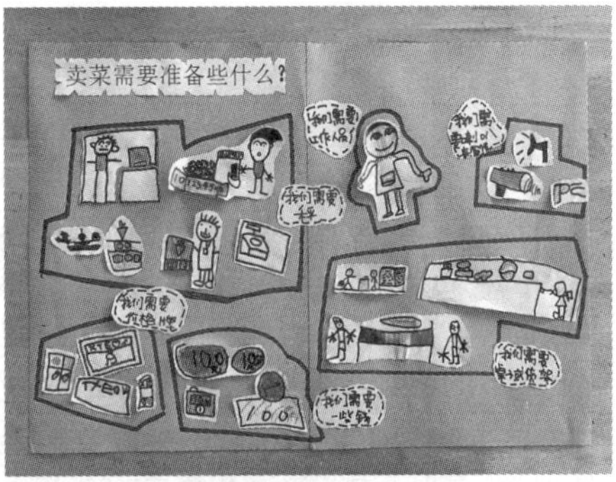

图 13 卖菜需要准备些什么

经过热烈讨论，孩子们认为我们的小菜场需要给蔬菜称重的秤，需要工作人员，需要价格牌，需要做宣传喇叭，需要一些零钱，需要货架或是桌子……

1. 称一称

孩子们带来了各种各样的秤，有称体重的秤，有弹簧秤，有行李秤，有电子秤，还有菜场专用秤……经过一一尝试后，孩子们了解了每一种秤的使用方法，比较之后大家一致觉得菜场专用的电子秤既方便又准确，是我们小菜场不可缺少的工具，他们还学习了电子秤的用法。

图 14　学习使用电子秤

2. 认识钱币

卖菜是要使用钱币的，那对于钱币我们认识多少呢？怎么计算呢？于是我们进行了认识钱币的活动。要想准确地进行计算，收钱和找钱的时候不出错，还是有点难度的。

3. 小小宣传员

为了宣传我们的绿色蔬菜，孩子们你一言我一语，创编了宣传口号："欢迎光临小天鹅爱心菜场，有营养无污染，绿色环保人人爱。"

4. 自制价格标签和工作证

孩子们给每种蔬菜制作了具有个性的价格标签。他们自由组成了卖菜小组，组内成员也各自进行了分工，有的孩子做宣传员，有的孩子做收银员，有的孩子负责整理货架……孩子们根据自己的工作内容自制了工作证，证件上有孩子们的自画头像、姓名以及工作内容。

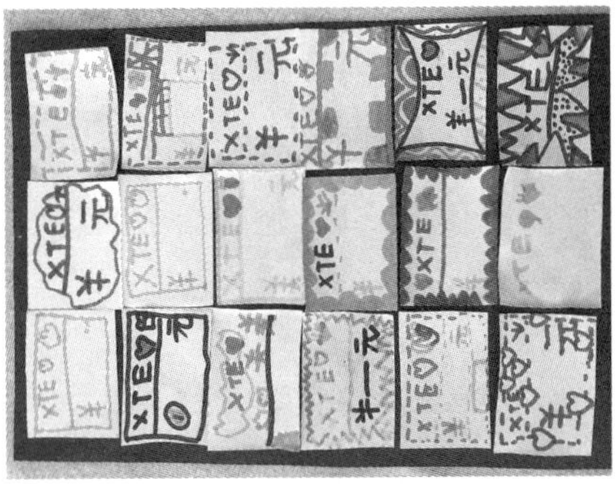

图 15　自制的蔬菜价格标签

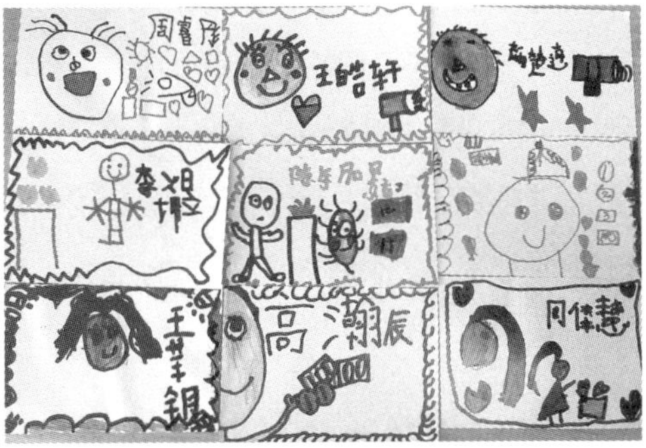

图 16　自制的“小天鹅爱心菜场”工作证

图 17　自制的蔬菜小组人员安排表

5. 自制宣传海报

为了让更多的人了解我们的小菜场，分享我们的健康蔬菜，我们当然要好好宣传一下，于是孩子们还制作了宣传海报。

6. 记账单

卖菜的收入是多少，我们要记下来，以后要捐献给需要帮助的小伙伴。于是，孩子们共同讨论记账单的记录内容，老师帮助大家归纳设计版面并进行打印。

图 18　“小天鹅爱心菜场”宣传海报

“小天鹅爱心菜场”试营业

有了一系列的经验积累,“小天鹅爱心菜场”正式营业了。家长们知道我们要进行卖菜的活动,自发地带来了很多保鲜膜、保鲜袋和保鲜盒,便于包装蔬菜。12 月 14 日,我们开始了第二次的卖菜活动。

这一次的试营业活动由自选小农场区域活动的孩子们进行。孩子们在小农场采摘了红萝卜、紫青菜、菠菜、大白菜、青菜等蔬菜,采摘后,他们发现菜上面的泥土很多,所以决定稍微清理一下,并进行简单的包装。

蔬菜包装好了,接下来要做什么呢?当然是要称称有多重。称好重量后孩子们将重量和价钱都记录在自己设计的价格标签上。

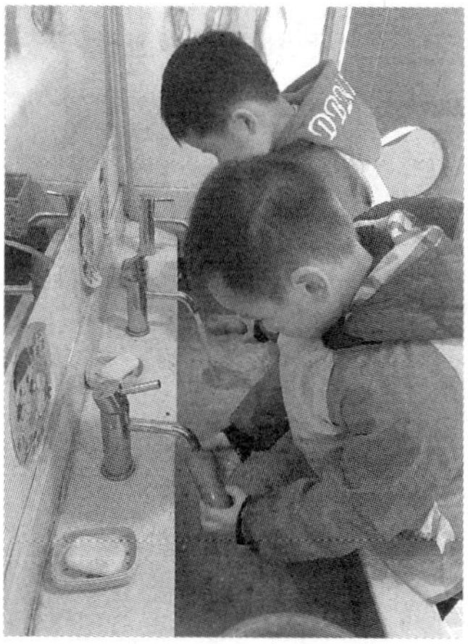

图 19 清洗采摘好的蔬菜

图 20 将包装好的蔬菜进行称重

下午 3 点 50 分,小朋友和老师们一起把我们的宣传海报和桌子都布置好了,大家还练习了宣传口号。4 点放学时,家长们走进幼儿园,一眨眼的工夫就把我们的菜买完了。这次我们卖菜的总收入是 27 元。

图 21　快来买我们的菜吧

“小天鹅爱心菜场”试营业圆满成功，这增加了孩子们的自信，大家有信心把我们的爱心菜场经营得更好！

卖菜中，我们想让孩子通过收钱的过程，感受生活中买与卖的关系，但是在现实生活中，扫码支付的确取代了原始的支付方式，在一位家长提出没带零钱问小工作人员可不可以扫码时，南南小朋友毫不犹豫地说可以，并让家长来找老师，所以我们临时进行了 3 元钱的手机转账，后来我们把这 3 元钱加到了爱心收入中。这也是我们后来对卖菜的收款方式进行改进的动力。

“小天鹅爱心菜场”正式营业

过了一段时间，小农场的菜又可以收获了，一切准备就绪后，我们选定了卖菜的日子。这次的卖菜活动全班孩子共同参与。

1. 上午 9:00

一大早，全班孩子穿上围裙，带上篮子，准备好工具，来到小农场，热火朝天地忙活起来了，他们或拔或铲或剪，进行了集体采摘。

瞧，大白菜、小青菜、红萝卜、香菜、韭菜……每个人的篮子里都装的满满的。别以为这样就可以卖菜了，还差得远呢！

图 22　绿色蔬菜，收获满满

2. 上午 10:00

（1）整理各类蔬菜。

孩子们把自己采摘的蔬菜进行整理，有的菜泥土太多，他们进行了简单的清理包装，有的菜可以简单地整理一下保持新鲜的原生态，接着就是一系列烦琐的称重、计价、贴价格标签的工作。孩子们一丝不苟地做好每一件事。

图 23　瞧！我们在整理、包装采摘来的蔬菜

（2）讨论卖菜的形式。

菜准备好了，该怎么卖呢？有的孩子认为应该各卖各的，看谁卖的钱多；

有的认为可以按小组卖；有的则提出相同的菜可以一起卖。最后大家觉得最合理的方法就是相同的菜一起卖。

于是我们根据菜的种类分了小组，各组“工作人员”还为自己的菜摊子创编了宣传词，分组制作了宣传海报。为了方便大家买菜，孩子们还细心地想到了“扫码付款”，把二维码贴在了宣传海报上，这也算满足了顾客的需求。

听听我们的小广告吧！

萝卜组：红萝卜，白萝卜，人见人爱的大萝卜！

青菜组：小青菜，大青菜，吃了就是香喷喷！

白菜组：大白菜，个头大，味道好，营养多！

韭菜组：韭菜韭菜香喷喷，绿色蔬菜没农药！

葱蒜组：小葱，小蒜，叶子长长长得壮！

菠菜组：菠菜菠菜营养多，吃了身体真健康！

香菜组：香菜香菜香喷喷，绿色蔬菜没农药！

图 24　自制小组宣传海报

3. 下午 3:00

一切准备就绪，我们开始做卖菜前的场地准备工作了。

根据孩子们的讨论，我们按蔬菜的种类分成了 7 个小组，老师和家长志愿者们搬来了桌子，孩子们放好了小农场和小菜场的宣传海报。每个小组的工作人员挂好了工作牌，将自己称好重量、贴好价格标签的蔬菜从班上拿到了操场上，摆放整齐，还放好了各具特色的蔬菜宣传板，正式卖菜前大家练习了新的口号，为卖菜做好准备。

图 25 准备卖菜啦

4. 下午 4:00

随着家长们陆续走进幼儿园，小菜场开张了。

“卖菜喽，卖菜喽！”“红萝卜，白萝卜，人见人爱的大萝卜！”“菠菜菠菜营养多，吃了身体真健康！”……幼儿园的操场上传来了此起彼伏的叫卖声。“咦，菜场进了幼儿园？”刚走进幼儿园接孩子的爸爸妈妈们不由地加快了步伐，想去一探究竟。

哈哈，原来是大一班的孩子们正在有模有样地卖菜呢！几个身穿小围裙的女生正在向前来询问的家长们宣传着：“这是我们自己种的有机蔬菜，没有农药的。”“小青菜，大青菜，吃了就是香喷喷！”“大白菜，个头大，味道好，营养多！”家长们一听是咱们幼儿园的孩子们自己种的绿色蔬菜，都想尝一尝。一时间，每个摊位前都人头攒动，出现了“争抢”的场景。卖菜的工作人员已经忙得应接不暇了……

图 26　我们的蔬菜被一抢而空啦

5. 小插曲:卖不出去的萝卜

由于顾客较多,每个小菜摊前的生意都非常火爆,甚至出现了小老板招架不住的局面。顾客与小老板之间的一问一答也是有模有样。“老板,萝卜能便宜不?”“不能,我们这个萝卜是没有打农药的,无污染的。”其他菜摊上的菜都快要卖完了,萝卜摊上还有两包萝卜没有卖出去呢,顾客慢慢少了起来,小老板们有点着急了。

“是不是这两个萝卜长得太丑了?”“是我们卖得太贵了吧?”小老板们开始找原因了。“要不我们把萝卜洗洗干净吧?”“那可不行,那就不新鲜了。”“那可怎么办?”大家一时没想到好办法,只能更加卖力地喊起了口号:“红萝卜,白萝卜,人见人爱的大萝卜。”一看见有顾客走来,小老板们就大力宣传我们的有机蔬菜,从营养、无污染到价格优惠,绞尽脑汁搞“促销”,终于两包萝卜被推销出去了,小老板们终于放下了心里的“大石头”。

晚上,很多家长都用“小天鹅爱心菜场”出售的有机蔬菜做成了各种美食,还拍下了照片发在班级群里进行分享,留作纪念。

“小天鹅爱心菜场”结束营业后,几个负责收钱的孩子认真地清点钱款,和支付宝、微信收到的钱款兑现后一起放进了我们的爱心收入盒中。

一起看看我们的总收入吧,今天各蔬菜小组的收入共计 177 元,其中收到的现金是 126 元,微信收款 40 元,支付宝收款 11 元。

孩子们决定联系南京市红十字会的工作人员,将卖菜的收入作为幼儿园全体小朋友的爱心捐出去。

图 27 哇！这么多钱

从小农场的蔬菜采摘到“小天鹅爱心菜场”的蔬菜售卖过程中,每个孩子都记录了一本《娃娃卖菜记》,他们每天记录自己的发现,卖菜过程中的想法、感受或是出现的困难等。老师和家长帮助孩子们用文字记录下他们想表达的内容,制作成《娃娃卖菜记》的图书。

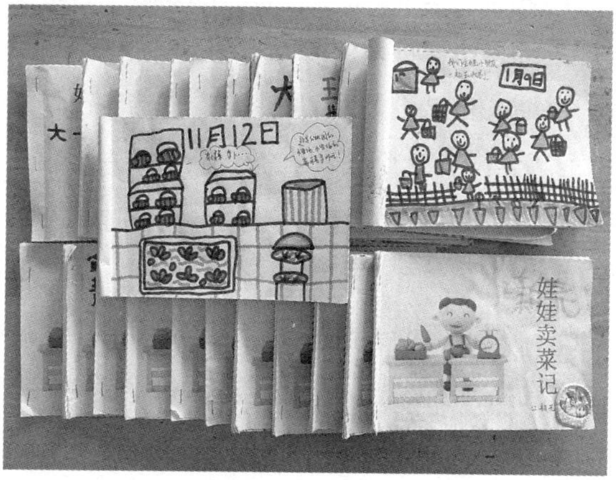

图 28 《娃娃卖菜记》

我们的感悟

1. 孩子的感悟

肉肉:在卖菜的时候,我们香菜组的小朋友一起合作,香菜很快就卖完了,虽然有点累,但是很开心,因为我们可以把赚到的钱送给需要帮助的人了。

贝贝:我是青菜组的,我们的青菜卖得好快啊,大家都喜欢我们的菜。

小帽子:卖菜真是太有意思了,我收钱的时候还怕收错呢。

嘉彤:我们是卖大白菜的,我们这组卖得最快,好想有好多好多的大白菜卖啊,哈哈。

…………

2. 家长的感悟

南南妈妈:播种、浇水、施肥、收获,称重、分装、定价、宣传,包装、销售,在这个过程中,你们学会了分工合作、友爱互助。“小天鹅爱心菜场”每一次的售卖,你们的有机蔬菜都是供不应求。你们奋力叫卖的模样,认真收钱的神情,和蔬菜售罄后难以抑制的激动和喜悦,都深深印在了家长的脑海里,成为这个收获的季节里绽放的最美丽的花朵。

静和妈妈:通过围绕“卖菜”这一系列的实践活动,静和经历了一粒种子埋入土壤经过雨水和阳光——发芽——长成各种蔬菜——摘菜——清理——分类——包装——称重——制作价格牌——宣传口号牌——推销菜——扫码付款整个卖菜过程。小朋友自己说最大的收获是:感觉自己非常能干,能做很多自己想不到的事;了解到没有化肥、农药的有机蔬菜健康好吃;知道了卖菜不是一个人可以完成的,需要大家的合作。通过这次身体力行的卖菜活动,孩子们在收获快乐的同时锻炼了动手能力、与人沟通能力、团队合作能力,增强了团队荣誉感,还学会了用语言对自己整个卖菜过程中的感受进行描述。

雨辰爸爸:在这次社会实践当中,从种菜、收菜、搬菜、洗菜、打包、贴价格标签、卖菜到最后结算钱款,孩子都参与了,收获颇丰。雨辰在这个过程中还知道了怎么种菜,怎么收菜(比如萝卜是需要拔的),学习了如何洗菜,懂得了使用电子秤计量重量,也通过种菜、洗菜、卖菜这些过程体会到了劳动的快乐与收获的艰辛，知道了粮食来之不易，懂得了要好好珍惜粮食不能浪费的道理。

…………

3. 老师的感悟

从发现了关于小农场的“秘密”后引发的这一系列的活动，促成了“娃娃卖菜记”，卖菜丰富了孩子们的生活经验，开阔了他们的视野，通过亲身体验、参与、实践，他们的自主能力、合作能力和社会性都得以发展。

虞永平教授说过，生活化不是将生活本身原封不动地当作幼儿园课程，更不是将成人认为重要的知识体系原封不动地当作课程。将对幼儿发展具有重要意义的内容还原为与幼儿生活有关的、感性的、需要幼儿动用各种感官来学习的活动体系，这就是课程的生活化。

从“教育即生活”到“生活即教育”，再到今天我们的卖菜活动，让我们真实感受到大自然、大社会是最好的课堂，通过这样的社会活动，不仅能体验，能实践，更能全员参与。让孩子在现实生活的背景中扩散、迁移和巩固经验，让他们学会生活，诠释“生活教育”的真谛。

结　语

随着季节性蔬菜的更替，小农场进行了新一轮冬季蔬菜的播种，等春暖花开之时，小农场中又将是一片丰收的美景，我们会和弟弟妹妹们一起，采摘、品尝、售卖……在这些有趣的活动中学会观察、学会发现、亲近自然、亲近生活。

专家点评

该则故事生动地体现了来自生活、通过生活、回到生活、面向生活的课程实施思路。活动来源于幼儿在参与园内小农场种植活动中发现的一个炸裂的萝卜，通过分享“萝卜爆炸了”发现了小农场许多有趣的事情，幼儿对小农场产生了浓厚的兴趣，围绕蔬菜收获而开展的“娃娃卖菜记”就自然诞生了。

关注了问题。问题从幼儿活动中来，经验在不断探究、解决问题的过程中生长。幼儿遇到的核心问题线索是：采摘下来的蔬菜怎么办——品尝——除了自己吃，还有什么好方法吗——卖蔬菜——如何称重、如何包装、如何收钱等等。如何解决这些问题？老师有意识地引导幼儿回到生活中，与爸爸妈妈一起走进社区小菜场，亲身感知和体验真实生活中的菜场，收获了“二维码、检测中心、各种各样的蔬菜”“菜场的菜都是整齐地放在台子上的，有的在篓子里，有的在筐里”“复秤台、公平秤”“付钱的时候可以给现金，也可以用手机扫码付钱”等发现。幼儿通过参与“称一称”“认识钱币”“小小宣传员”“自制价格标签和工作证”“自制宣传海报”“记账单”等活动为在园内建“小天鹅爱心菜场”做好开业准备，也为试营业、正式营业提供了经验基础和问题解决的能力。

关注了转变。活动内容从单一的采摘活动到采摘、清洗、整理、分组、买卖等一系列活动；活动形式从开展“蔬菜大丰收”“蔬菜怎么摘”等侧重“教”的活动到围绕建菜场、营业等真实活动需要幼儿“做”的活动；活动场域从园内小农场到社区小菜场；参与人员从幼儿、老师到幼儿、家长、菜场人员；情感上从开心卖菜到爱心捐赠。在这些转变过程中，各种课程资源自然地卷入进来，共同参与并促进了幼儿经验的生长，“卖菜记”成为“娃娃成长记”。

关注了关联。正如故事中教师对“幼儿园课程生活化”的理解和感悟，该则故事很好地体现了成人生活与幼儿生活的关联;真实情境与准真实情境的关联;自然环境与社会环境的关联;活动形式与幼儿学习方式与特点的关联;活动内容与幼儿发展的关联。

经验藏在幼儿活动当中,这需要我们不仅能够看得见,还要能够看得准和透,因此,如果能把幼儿所经历的一系列活动再结合《指南》从发展的角度进行梳理和分析就更好了。

(江苏省教科院幼教与特教研究所　何　锋)

跳蚤市场的故事

山东省德州市经济技术开发区跃华学校幼儿园　阴明朕

持续时间:2018 年 10 月至 2019 年 1 月

年龄段:大班

缘　起

1. 放假回来的一次谈话

国庆节放假前,我们学校的小学部在放学之后举办了一场大型跳蚤市场活动,班里的两个小朋友(大承和君君)因其哥哥和姐姐在小学部上学,所以也参加了那次的跳蚤市场活动,而且他们还买到了一些玩具和图书。节后回到幼儿园,大承和君君在早餐前谈论起了他们前几天参加的小学部跳蚤市场活动,并拿出了他们买到的玩具,吸引了其他小朋友的围观。

大承:"我去我姐姐那学校参加跳蚤市场了,人可多了,卖什么的都有。"

虫虫:"卖玩具的有没有啊?"

大承:"当然有啊!我这个玩具就是在那里买的,一个大哥哥卖给我的呢。"

大壮:"我们没有姐姐在那上学,所以我们去不了啊!"

其他小朋友纷纷附和:"对呀!"

图 1　小学部的跳蚤市场活动

2. 下定决心

当听到孩子们的讨论后，老师萌发了一个想法，孩子们既然对跳蚤市场这么感兴趣，那我们可不可以在自己班级里也发起跳蚤市场这个活动呢？当主班老师把想法和配班老师沟通以后，她也觉得跳蚤市场这个活动很有意思，很不错。如果开展跳蚤市场的活动，它有哪些价值？它可以带给大班孩子什么？它要如何开展呢？带着这些疑问，我们进行了探讨，而且越深入挖掘越感觉跳蚤市场这个活动价值潜力巨大，也就愈加坚定了我们在自己班级里尝试向孩子们发起举办跳蚤市场活动的决心。

话题抛出

第二天，老师在课堂上抛出了举办跳蚤市场活动的话题，并组织孩子们进行了讨论，结果大家都同意要开展跳蚤市场活动。

老师："既然我们都同意举办跳蚤市场，但这个跳蚤市场要怎么举办呢？"

谷雨："在自己班里就行啊，大家都带钱来，也带东西来，不就行了！"

果果："还得带购物袋，我妈妈每次带我去买东西都得用袋子。"

大承："也可以在外面，我姐姐她们就在外面举行的，外面地方大。"

谷雨："下雨咱们就在屋里，不下雨咱们就在外面。"

其他孩子也纷纷发表想法和建议，最后经过一番讨论，我们定于第二天上午在幼儿园举行第一次跳蚤市场活动，届时大家带着零钱（考虑到大班上学期孩子们的购买能力，最高面额不能超过 10 元）和家里闲置的玩具来参加活动，地点就在幼儿园西区大门口。

我们预测第一次跳蚤市场活动，孩子们会遇到一些问题，比如不能很好地使用人民币，部分幼儿对交易规则模糊等，但是这些问题我们没有全部抛出来，想让孩子们先体验，只有亲身体验了，对问题的认识才会更加深刻，才能更好地解决问题。

第一次跳蚤市场活动

1. 跳蚤市场初体验

第一次的跳蚤市场活动如期举行，孩子们很兴奋，而且参与活动的积极性也很高。孩子们分成两组轮流买卖，场面很是热闹，但是通过观察孩子们的买卖过程，老师发现了一些问题：① 绝大部分孩子会使用面额 1 元的人民币进行买卖，但是当使用 5 元和 10 元的人民币涉及找零的时候，极少有孩子能够正确使用；就算能够正确使用也十分不熟练。直接使用人民币进行交易，由于人民币面额的差额太大，没有连续性，对孩子来说难度过高。② 部分孩子没有掌握交易的规则或者不熟悉交易的规则，有的孩子没给钱就买到了商品，有的孩子没收钱就卖给了别人东西，还有的孩子卖了东西又反悔了。③ 有些孩子不善表达，不善主动交流，甚至有一个孩子一件东西也没卖出去，一件东西也没买到。④ 孩子在钱币和商品的有序整理上有待加强。

图 2　跳蚤市场初体验

2. 组织讨论

跳蚤市场活动结束之后，孩子们在现场有十分钟的时间相互分享自己买到的玩具，分享结束后我们回到班级坐了下来，继续分享大家在刚才的交易活动中的体验。

老师抛出了第一个问题："大家在刚才的跳蚤市场中都有哪些收获，有什么感觉？"

大龙："我买到了三样东西，我都喜欢，感觉棒极了！"

大承："我姐姐他们的跳蚤市场就是这样。"

飞飞："我没有买东西。"

老师："为什么没有买呢？"

飞飞："因为，因为我给他们钱，他们不找给我，我就没买。"

老师："对，我也发现这个事情了，有很多小朋友还不会用钱去买东西。"

紧接着老师又向幼儿抛出了第二个问题，引导孩子们进行了重点讨论："10 元以内的人民币的面额没有 2 元、3 元和 4 元，也没有 6 元、7 元、8 元和 9 元，只有 1 元、5 元和 10 元，但我们现在还不怎么会用 5 元和 10 元的，怎么办呢？"

佳佳："我去过奥德乐的儿童之家，那里面有 2 元的、3 元的和 4 元的钱。"

老师："你知道儿童之家的钱是哪里来的吗？"

佳佳："我妈妈说，那是他们自己制作的。"

老师："那我们可不可以自己制作有 1 元、2 元、3 元、4 元一直到 10 元的钱币呢？"

大家纷纷说可以，老师又问："那用什么材料去制作我们自己的钱币呢？"

孩子们讨论了一会，有小朋友说："我们可以自己画。"但是有小朋友立马反对："画的不行，钱都是一个样的，画出来的都不一样。"还有小朋友提议："我们可以在网上买。"于是我们一起现场在淘宝上搜了搜，真有卖的，但是造价太高了，成套购买的话考虑到以后活动陆续开展，每个小朋友至少需要好几套，每套三十多块钱，每个小朋友至少都得花费上百元的成本。

3. 柳暗花明

就在大家一时之间没有想到更好的办法的时候，仲鸿说："我上次不是带了一些玩具钞票嘛，就在娃娃家呢，老师，那个可以吗？"我突然想起来了，仲鸿带的不是玩具币，是银行淘汰下来的练钞币，我赶紧拿过来让大家一起看了看，好多小朋友都说这个行，我也觉得这个可以，材料质地也非常接近人民币，不易损坏。我问仲鸿：“如果用这个，我们得需要很多，你家里还有吗？”仲鸿边说边比划：“有很多呢，有这么一大摞呢，我明天就拿来。”我说：“太棒了！”我们决定就用它了，用清晰的记号笔在上面写上我们需要的面额就可以使用了。放学时，我们跟仲鸿的妈妈沟通了练钞币的事情，仲鸿妈妈说：“我就在银行上班，我们那有很多这种淘汰了的练钞币，到最后都当废纸卖了，孩子们能用上也算废物利用，明天我和仲鸿带来。”

人民币问题解决后，我们又一起讨论了交易规则和物品整理问题并达成了一致：买东西要按照先来后到的顺序而且一定要给钱；给多了一定要找钱而且买到手的东西所有权就是你的了；参加跳蚤市场要准备购物袋和钱包；将商品和钱币放到该放的地方，并整理整齐。

最后，孩子们对第一次的跳蚤市场活动进行了绘画表征，我们还决定下周再举办一次跳蚤市场，这次要用自己制作的钱币，每人 5 元原始资金，孩子们给这些钱币起了个名字，叫“班币”。考虑到面额和孩子刚开始只有 5 元的购买能力，所以商品定价暂时不能超过 3 元，随着交易活动的不断推进会陆续提高最高定价。

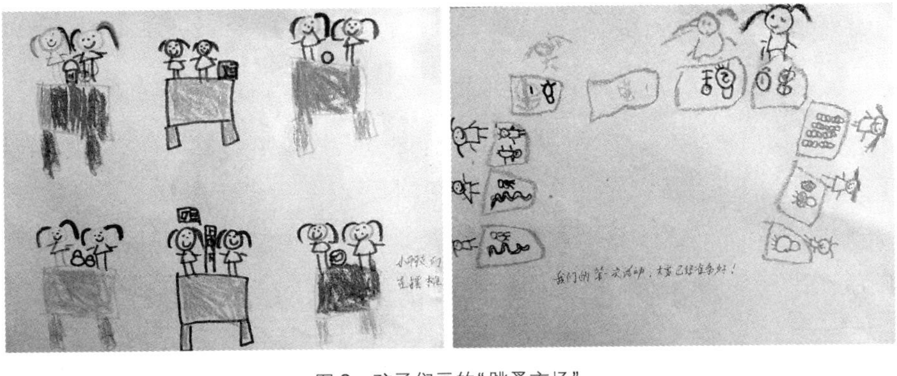

图3　孩子们画的“跳蚤市场”

第一次跳蚤市场活动后我们两位老师进行了反思和梳理：根据孩子在交易过程中的表现来看，孩子对交易规则的体验和理解以及利用数学知识解决实际问题的能力还有待提升。这些问题的解决不能一蹴而就,而是循序渐进的。因此我们预设第二次的跳蚤市场只投放面额 1 元和 2 元的班币,先让孩子体验交易的意义和乐趣,在掌握了交易的规则之后,视孩子能力发展情况再慢慢按顺序提高班币面额。

图 4 家长提供的练钞币和第一次发行的班币

第二次跳蚤市场活动

1. 活动过程

第二次跳蚤市场活动也如期而至,孩子们已经迫不及待了。这次活动流通班币面额只有 1 元和 2 元,所以交易起来十分顺畅,我们的重点放在熟练掌握交易规则上,因为有过引导和讨论,所以这次孩子们的交易没有再出现不给钱就拿着玩具走了的情况,甚至有的孩子还吆喝起来:“走过路过,不要错过!”钰霆拿了个塑料喇叭还搞起了促销:“买一送一啦! 买一送一啦!”一下子好多孩子都围了过去,不一会他的商品就被一抢而空,他十分兴奋地告诉我:“我的商品全卖光啦!”上次没有买东西的飞飞也很快买到了中意的商品。

图 5　第二次跳蚤市场活动

2. 发现和收获

在这次交易活动中，我们又有了新的发现和收获。

孩子手中的班币很快就花光了，但是摊位上商品还有很多，孩子已经没有了购买能力，我脑子里浮现出一个词：通货紧缩。既然我们自己制作并发行了班币，也就是说我们相当于人民银行，在商品一定的情况下，钱币发行得少了就会造成通货紧缩，钱币发行多了就会造成通货膨胀，而我们当下遇到的情况正是通货紧缩，导致孩子的购买力不足。

少数孩子已经具备了一定的交易经验和交易技巧，并从中体验到了成功，老师觉得可以把这些成功的案例让孩子们谈论，相互学习。

有的孩子一辆玩具大车卖 1 元，有的孩子一辆玩具小车也卖 1 元，孩子给自己的商品定价，考虑的不是玩具本身的价值，而是在他心里这个玩具还有没有吸引力，吸引力越低的玩具定价越低。孩子以自我为中心的思维特点显露无遗，但是这里面也含有新的教育价值，是一个可以引导孩子讨论和琢磨的问题。

3. 组织讨论

孩子们相互分享完自己刚买到的玩具后，我们组织孩子们进行了讨论和分享。

老师：“这次跳蚤市场大家收获了什么，有新的发现吗？”

孩子们纷纷说自己买到了什么玩具，花了多少钱，没有孩子提到还有好多商品没有卖出去的问题。

老师继续问：“那大家把商品都卖出去了吗？”

好多小朋友都说:“没有,还剩一些。”

老师:“为什么会剩下呢?是小朋友不喜欢你们的商品吗?”

妮妮说:“不是的,喜欢是喜欢,但是没钱买了啊!”

有好几个小朋友纷纷附和:“我们的钱都花光了,没钱了。”

老师继续追问:“那没钱了怎么办呢?怎么才能挣到班币呢?”

妮妮又回答说:“卖东西可以挣到钱啊!”

老师:“你觉得够用吗?”

妮妮回答:“不够。”

老师又问她:“那怎么办?你爸爸妈妈是怎么挣到钱的?”

她回答:“上班啊!”

老师:“那你上学可以挣到班币吗?也就是说大家在幼儿园能挣到班币吗?”

4. 得出结果

孩子们好像打开了眼前的一扇窗户,开始热烈地讨论起来,最终我们一起商定出,可以根据每个小朋友这一周的出勤情况、迟到情况、值日情况、完成小作业等情况每周结算一次班币,后续制作了记录表格和值日表格,孩子每天自己记录,每周一结算上周的应得班币。这样一来,孩子就有了两种获得收入的渠道,一种是每周的班币结算,另一种通过卖商品获得收入。这样既可以缓解通货紧缩的现状,又不至于一下子造成通货膨胀,还能提升孩子的时间观念、上学积极性和责任意识。

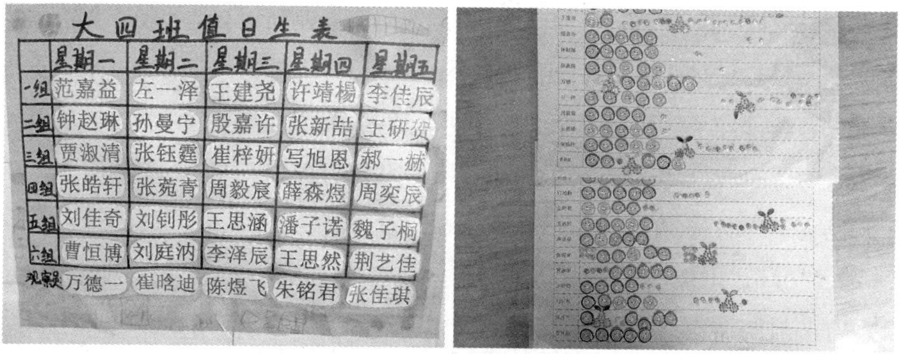

图6 值日表签到表

接下来我们又讨论了遴选商品时要考虑小朋友的兴趣需求、交易的技巧和合理定价的问题,在一定程度上激发幼儿进行思考,拓宽了他们的视野。这在下一次的交易活动中一定会体现出来,事实也确实如此。最后我们引导孩子将本次的活动做了绘画表征,促使孩子梳理自己的经验。

图7　绘画表征

第三次跳蚤市场活动——"假币"风波

1. 前期准备

时隔一周,第三次的跳蚤市场活动也开始了,这次活动中我们投放发行了3元和4元班币,而且定价调高但最高不能超过5元。考虑到班币面额的提升,我们在第三次跳蚤市场开始之前的日子里,有意识地通过集体活动(利用蘑菇钉、桃核、杏核、小石子等实物材料创设情境开展加减运算,并投放到了区域里)和生活活动(加餐环节,我们利用小西红柿和小饼干进行游戏取餐,每个小朋友加餐数量都是一样的,我们随机抓一些加餐放到孩子的加餐盘里,幼儿自己数一数,多了就送回去,少了就自己去拿齐)锻炼和提升孩子对数、量和数量关系的感知、理解以及运用能力。在家园共育方面,我们也鼓励家长多让孩子自己去解决问题,在超市尝试让孩子去付款,等等。

2. "假币"出现

有了前期经验,在这次的交易活动中,孩子在班币的使用方面已经比较熟练了。但是快要收摊的时候,宝宝跑过来告诉老师:"老师老师!我发现我有了一张5元的班币。”老师接过来一看确实是一张5元的班币，就问她：“宝宝，你这张5元的班币是从哪里来的？”她说：“我记得是子诺给我的。”老师又去问了子诺，子诺说：“我自己家里的，我自己写的。”老师继续问她：“你做了几张这样的班币？”她说：“就做了一张。”老师说：“好的，我知道了。”老师意识到，如果其他小朋友也有一样的练钞币，自己写了面额就能用，那跳蚤市场岂不乱套了？这个事情也有很好的教育价值蕴含在里面，可以让孩子们自己想办法如何防伪。

3. 组织讨论

在组织讨论环节，老师抛出了发现5元班币的事情，并提出了问题：“对于这张5元班币，你们有什么看法？它能随便在跳蚤市场里用吗？”

金果：“不能用，它不是老师发的。”

钰霆：“这是假的，字都不一样。”

老师：“那要是字也一样，能用吗？”

他想了想说：“不能吧。”

老师：“为什么不能？”

他说不上来了，老师又问了其他几个小朋友，也没有小朋友回答上来，老师对大家说：“如果大家能自己制作班币，你会怎么做？”

淘淘：“我要制作很多很多班币，那样就能买很多很多东西了！”

其他小朋友一听也纷纷同意淘淘的想法。

老师又问大家：“大家想过结果会怎样吗？”

孩子们瞬间不说话了，好像都陷入了思考。

只有大龙说：“不行，那样的话，每个小朋友钱都太多了，会出事的。”

老师：“会出什么事啊？”

大龙：“商品太少了，会买不着东西了。”

其实孩子们隐隐约约意识到，钱太多了不一定是好事，而且这种不劳而获的经验也会随之而来，所以一定要防止这样的事件再次发生，确保班级发行班币的“正统地位”。

老师：“自己制作的班币肯定不能在幼儿园使用，那怎么才能让别人模仿不了呢?”

大承:“把班币做上记号不就行了嘛!”

老师:“主意很好,那做什么记号呢?”

大承:“用笔画一个记号就行。”

有小朋友反对:“不行,用笔写记号也能模仿。”

大家开始小声讨论起来,于是,老师就让孩子们分组去讨论办法,一会找个代表进行分享。五分钟后,大家开始分享。

一组谷雨:“可以加入芯片,没有芯片的就是假的。”

二组喆喆:“我们可以用针扎一个很小很小的眼,不告诉别人。”

三组果果:“我们可以在班币上用小印章印个记号,跟别人的记号都不一样的。”

4. 达成共识

经过一番讨论和比较,大家举手进行表决,一组 1 票,二组 2 票,三组 27 票,最终决定定制一枚印章,将每张班币都印上记号,没有记号的是假币。那记号的内容怎么设计呢?接着老师给每人一张纸来设计印章的内容,并进行评审投票,获得票数最高的作品作为我们印章的内容,最后去定制。

5. 投票选择

孩子们设计好之后,依次向大家介绍自己的设计作品和设计想法,展示完毕开始投票,最终,森煜设计的“跃华幼儿园银行”获得最高票数 18 票,胜出的森煜非常兴奋:“我设计得厉害吧!”

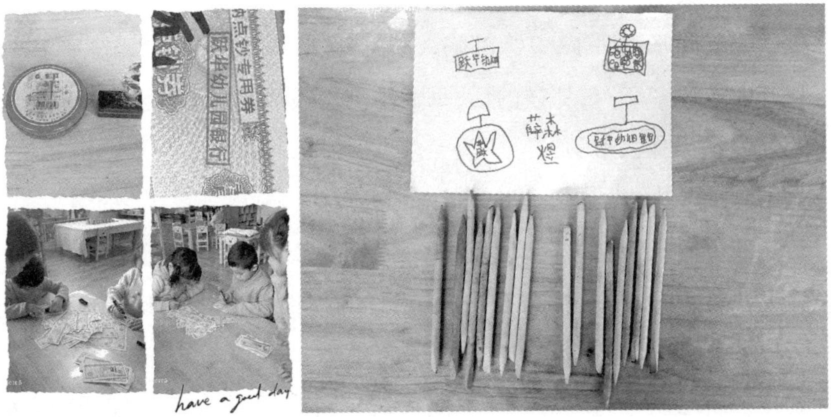

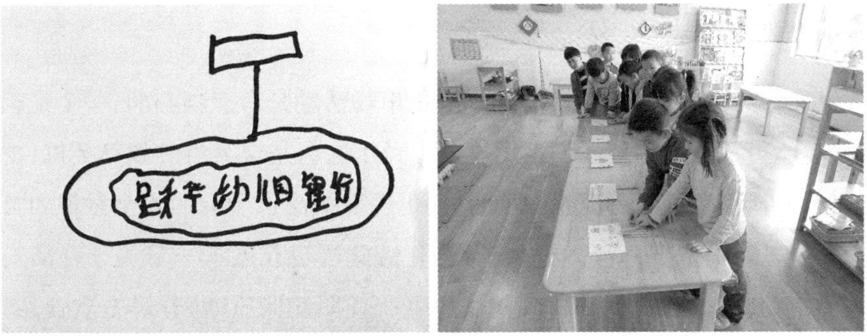

图8　投票选择

之后,老师在网上定制了一枚刻有“跃华幼儿园银行”字样的印章,孩子们在区域活动里分工合作制作新的班币,并将孩子们之前的班币都印上了记号,大家一起期待着下次跳蚤市场的举行。

辰辰的提议

之后又陆续开展了两次跳蚤市场活动,班币发行额度也提到了5元,商品定价不超过6块。为了提升孩子们的数学能力,使其能够应对班币额度和商品定价的提升,老师在每周的课程里又加入了数量分合的内容。经过近两个月时间,孩子们的数学运算能力和运用能力都有了很大的提升。

就在最近一次的跳蚤市场活动分享中,辰辰提议:“我们能不能卖其他的东西啊?”这一提议立马引起了热议,孩子们越讨论越兴奋。

老师:“你们还想卖什么?”

桐桐:“我想卖好吃的。”

小果:“还有书。”

一赫:“还有衣服。”

讨论过后,大家一致同意举办一个美食跳蚤市场活动和一个图书跳蚤市场活动。

美食专场和图书专场

其实作为老师，我们对开展美食跳蚤市场活动是有点担心的，一个是担心食品安全，另一个是怕孩子们食用过量。当然这也是很宝贵的教育契机，把老师的担心告诉孩子们，一起想办法解决，也可以提高孩子们的安全意识和自护能力。于是老师把担忧告诉了孩子们，并借此机会开展了一节关于食品安全的集体活动，孩子们学会了辨认食品的生产日期和保质期，分辨变质食品、三无食品，以及明白了美食好吃但不能贪吃等。而且老师也提出了要求：一是自己要带来交易的食品在家里一定要检查好，美食跳蚤市场活动开始前，我们会再检查一遍，确保美食的安全性；二是美食跳蚤市场结束后，在幼儿园只能分享一种美食，剩下的回家慢慢分享。孩子们对这些要求也表示赞同。

图 9　绘画表征

接下来的一个月内，班级陆续举办了美食跳蚤市场活动和图书跳蚤市场活动，同时班币发行额度也提高到了 6 元，最高定价 7 元。通过观察，孩子们的班币使用情况是比较流畅的，而且孩子们与同伴分享美食和图书的画面十分温馨，活动非常成功。

图 10　图书跳蚤市场

年货专场

眨眼时间已经进入了腊月，在“迎新年”主题课程的推进下，新年的气息迎面而来，老师们回想起自己小时候过年赶集的热闹场景，记忆犹新，那种感觉，那种体验，回忆起来真的太美好了，但是现在的孩子们却很难有机会体会到。所以我们冒出一个想法：既然我们有市场了，能不能办个年货专场，让孩子们也赶赶大集，买买过年的商品？老师把这个想法告诉了孩子们，孩子们一听，觉得很有意思，于是我们一起讨论起来。

佳佳：“咱们的年货市场都卖什么啊？”

大龙：“春联、福字、灯笼，啥都行。”

大承：“还有门神、鞭炮。”

孩子们你一言我一语，不一会儿就列出了一大批过年用的物品，我们约定好利用自己周末的时间去准备商品，下周举办年货市场活动。

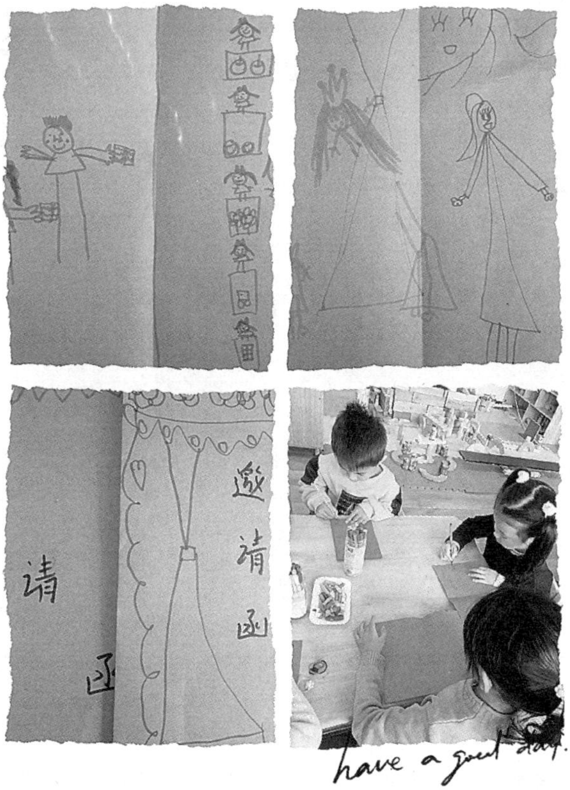

图 11　制作年货市场邀请函

本以为年货市场的事情就这样搞定了，佳佳突然说：“老师，能让爸爸妈妈参加吗？”一石激起千层浪，班级的讨论声此起彼伏，大家都想让父母来参加。老师说：“好，可以让爸爸妈妈来参加我们的活动，但是做个邀请函邀请他们来，会更好，你们觉得呢？”孩子们也一致同意，于是每人都做了一张邀请函带回家。

年货专场开始，家长们受邀也带着年货来参加跳蚤市场了，每个人的脸上都洋溢着开心的笑容，家长们和孩子们轮流买卖。借此机会，孩子们通过跟家长的互动和买卖，学习到很多东西；而家长可以感受我们课程的意义和价值。最后大家都满载而归，还说今年家里贴的春联、“福”字都全了。

图 12　家长们来参加

跳蚤市场走出幼儿园

距离放寒假还有 10 天，我们的跳蚤市场活动也持续了近四个月时间了，很多孩子进行 10 元以内的买卖活动已经不在话下，完全可以去更广阔的空间体验一下了。于是在最后一个周末，我们发起了跳蚤市场走出幼儿园的活动，让孩子去体验幼儿园外的买卖，进一步巩固买卖经验。为此，我们先引导孩子思考为自己、家人、家庭或者幼儿园设立一个目标，为了这个目标去摆摊挣钱，这个目标可以是自己想要买个东西，也可以是为亲人、为家里购置一样东西，甚至可以为幼儿园购买需要的东西。这样，这个活动与孩子的连接就更加紧密了，而且能够提升孩子的责任感和用心程度，甚至会促进孩子金钱观念的建构。

周末的时候，谷雨和明明去了奥德乐摆摊，建尧去了长河公园摆摊，大同去了市政府门前摆摊……

图 13 跳蚤市场走出幼儿园

看到孩子们在摆摊时自信中略带紧张的样子，老师们心里也十分骄傲。只有不断地突破和体验，成长才更有意义。《指南》之《社会适应》篇也指出，幼儿园组织活动时，可以经常打破班级的界限，让幼儿有更多机会参加不同群体的活动。我们也约定一起去参加小学部明年的大型跳蚤市场活动！

教师的感悟

跳蚤市场活动不断开展和推进的过程，其实也是一个教学相长的过程。

1. 对幼儿来说

幼儿感知和理解数、量及数量关系的能力不断增强，运用数学知识解决实际问题的能力也有很大提升，而且是在十分有趣的交易活动中通过边玩边学来完成的。跳蚤市场为幼儿提供了丰富的语言交往环境，幼儿通过不断地倾听和交流，发展了语言能力，也增强了理解和表达能力。每次跳蚤市场结束后，幼儿都会进行绘画表征，在梳理经验的同时，也增强了书面表达的愿望，发展了初步的书写技能。跳蚤市场活动还具有一项非常重要的价值:促进了幼儿的社会性发展。成功的买卖体验增强了幼儿的自信心;与人交往增强了他们人际交往的意愿和能力;跳蚤市场走出幼儿园锻炼了幼儿的社会适应能力;经常整理交易所需商品和钱币,既锻炼了幼儿基本的生活自理能力,还促进了幼儿“财商”的发展。同时,闲置的资源通过跳蚤市场活动可以再利用和共享,也为幼儿种下了一颗环保和节约的种子。

2. 对教师来说

对以儿童为本的教育观和课程观,有了更加深刻的实践和理解;对大班幼儿的身心发展特点更加熟悉和了解;不断生发推进的课程,锻炼了教师课程设计和实施的能力;对社区资源的开发和利用,有了新的认识。

在跳蚤市场活动中,我们收获良多,也成长了许多,这份收获和成长,会支撑我们走向更高、更专业、更懂儿童的台阶。

专家点评

品读了这个课程故事，我发自内心地赞赏。

近几年，无论是小学还是幼儿园，跳蚤市场活动并不鲜见，但这个故事中的跳蚤市场活动更加深入、持久、全面。故事中的教师追随孩子的兴趣，基于孩子的经验、活动中出现的问题和教师的价值判断，不急不忙、持之以恒地让一个买卖关系的活动如此深入地渗透到孩子生活中，渗透到看似不相关、没有必然联系的活动中。随着跳蚤市场活动的不断延伸，孩子们真正掌握了一些生活中需要的能力。

该活动之所以能不断深入，离不开教师对孩子的仔细观察和敏锐判断。从活动的起源来说，是在吃早餐前活动时，教师听见了几个孩子们讨论，看到了其他孩子的围观并参与讨论。教师感受到了孩子们对跳蚤市场活动的兴趣，于是和班级教师进行审议，包括跳蚤市场活动有哪些教育价值、如何开展等，而后和孩子们开展了相关内容的讨论，再次确认孩子的兴趣和经验，然后决定开展跳蚤市场活动。如果没有教师对孩子的尊重，对孩子谈话的仔细倾听与观察，如果没有教师敏锐的教育意识和专业的教育判断，也许这个活动不会这样自然而然地产生，教师这种尊重孩子、尊重同事的想法和做法很重要。从活动的发展来说，该活动进行了一次又一次，如果活动只是重复，再有趣的活动也会变得枯燥，再有意义的活动也会带来时间上的浪费。在这个活动中，很重要的一点，就是教师能敏锐地捕捉到孩子感兴趣且有价值的关键点，比如“班币”“假币”“挣钱”“专场”等，正是因为有了这些关键问题、关键引导，支持孩子面临真问题并去解决，支持着孩子依然保有兴趣和热情，使得活动持续深入，不断延伸出有价值的活动。

故事中还有一点值得我们关注和学习。其实，教师在预设时已经很清楚地知道孩子将面临的挑战和问题，但教师并没有完全抛出，而是让孩子去经历、去面对、去体验。因为教师坚信幼儿是在实际操作、亲身体验中建构自己的理解和认识的，这是教师对《纲要》《指南》精神的深刻理解与践行。

（南京市太平巷幼儿园　汪　丽）

我是“小蔡伦”

江苏省扬中市文化新村幼儿园　朱丽华　栾小慧

持续时间:2017 年 10 月至 2018 年 6 月

年龄段:大班

缘起:创意锡纸人

幼儿园二十岁的生日就要到了,为了把幼儿园打扮得更漂亮,园办开始在各班征集创意环创的点子。在和孩子们的共同商讨中,制作锡纸小人的点子得到了大家的喜欢。园长妈妈在得知我们班的这一创意点子后,决定让孩子们自己来制作锡纸小人。接到任务后,孩子们开心极了。他们五人一组开始了分工合作,先设计锡纸小人的动作,然后在老师的帮助下,用铝丝拉做出小人的外形,接下来就开始用锡纸包做小人的外形。

“这个锡纸真好玩,软软的,轻轻地一拉就断掉了。”糖糖和笑笑边做边说着。笑笑说:“我们家也有这个锡纸,我妈妈把鱼包在锡纸里面,放在烤箱里烤,可好吃了!”一旁的乐乐听了也喊起来:“对对对,上次爸爸妈妈带我去滨江公园烧烤,也是用锡纸烤的鱼。”珈乐说:“锡纸可厉害了,用火都烧不着。”笑笑奇怪地问:“纸不是一碰到火就会烧掉的吗?”珈乐说:“锡纸是特殊的纸,纸有好多好多种呢。”“我知道宣纸,我爷爷在家写毛笔字用的,可软了。”孩子们一边做着锡纸小人,一边七嘴八舌地讨论着……

图 1　锡纸小人

听着孩子们的声音，我故意说：“哇，原来有这么多不同的纸呀！那你们发现在我们的生活中，哪些东西也是用纸做出来的呢？”

“我们看的书是用纸做的。”“还有我们画画的 A4 纸。”“喝水的一次性杯子也是用纸做的。”“还有餐巾纸也是用纸做的。”“还有包快递的纸盒也是用纸做的。”“妈妈装衣服的袋子是用纸做的。”笑笑听了说：“那是纸袋子。对了，装蛋糕的盒子也是用纸做的。”“装好吃的东西的包装盒，也是纸做的。”……

正在大家说得热火朝天的时候，平时爱问问题的珈乐举起了手：“老师，那我就有一个问题要问了，纸是怎么做出来的呢？”

纸是怎么做出来的呢

对珈乐提出的问题，我们表示了赞赏：这真是一个好问题！对呀，纸究竟是怎么做出来的呢？我们鼓励孩子们回家和爸爸妈妈一起讨论，通过阅读书籍、报刊、以往经验、上网搜索答案等方式收集资料。我们的这一举措得到了爸爸妈妈的支持，爸爸妈妈带领宝贝一起制作 PPT、海报等，孩子们在幼儿园里互相交流分享。

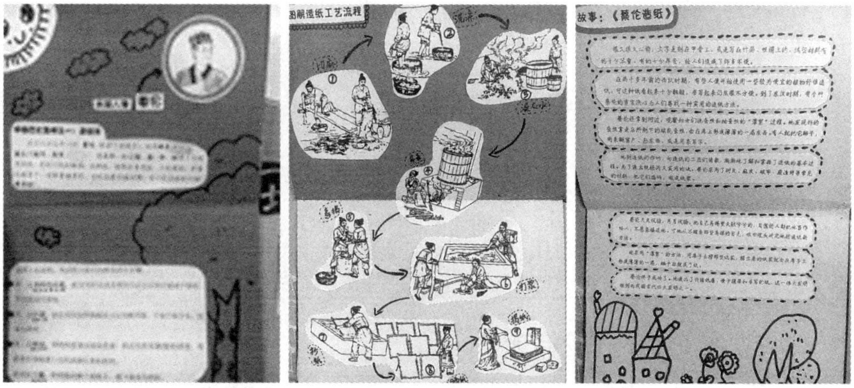

图 2　丁丁和妈妈一起制作的小书《纸是怎么来的》

通过互相交流分享，孩子们了解到古代和现代不同的造纸技术。

古代的造纸都是人工完成的。步骤为：选材——切片——洗涤——筛选——蒸煮——漂白——过滤——晒干。古代蔡伦造纸的故事，让孩子们看到了古人智慧的力量。

现代的造纸基本是用机器来制作的。步骤为：原料——上纸——复合烘干——定型——竖切——横切——切特规尺寸——成品。现代的技术更加节约时间和能源，为人们的生活带来很多便利。

当孩子们知道造纸术是中国的四大发明之一时，不禁兴奋起来：“蔡伦真聪明！外国人还要来学习我们的造纸术，原来我们中国人这么厉害呀！”笑笑说：“老师，我们也来做做纸吧！”这一提议得到了大家的赞同：对，我们也来试一试做纸吧！

1. 选用合适的材料做纸浆

制纸讨论环节中，孩子们达成了共识：选用废纸做原料来制作再生纸，这样既环保又容易成功。通过查询得知，再生纸的制作步骤为碎纸捣烂做成纸浆——纸浆平铺干抹布上——晾干。可是选用什么废纸来做纸浆呢？

龙宝：“我们可以用报纸来做，我家就有很多不用的报纸。”

笑笑附和说：“对，报纸看完了就没用了，我们就用报纸来制作纸浆。”

2. 废报纸做纸浆

说干就干，笑笑去门卫爷爷处找来了一些没用的报纸，孩子们在班级里寻找操作材料。他们找来了纸杯、木勺、抹布、小方盆等，自由结伴开始行动起来。他们将报纸撕碎放进盆里，然后用纸杯接自来水倒进盆里，接着开始一起用木勺将碎纸片捣烂。在这一过程中孩子们忙得不亦乐乎。

图 3　将报纸撕碎放进盆里

3. 给纸浆盆做标记

开饭时间要到了，肖老师要忙着消毒桌子了。孩子们有些着急，我们的纸浆还没做好怎么办？肖老师提议孩子们下午起床后接着做。

图 4　用木勺将碎纸片捣烂

澎澎听了说：“这么多一样的盆，起床后我们会分不清的。”老师：“那怎么办呢？”

笑笑想了想：“贴上标记我们就能分清啦。”这是一个好办法，可贴什么标记呢？

孩子们七嘴八舌地说着不同的方案：动物标记、每组画上喜欢的图案、写上数字……大家一下子报出了六七个不一样的方案。哪样最简便快捷呢？写数字最快！听大家的意见，盆上的标记马上就完工了。

4. 捣烂纸浆的快与慢

中午起床后，孩子们迫不及待地围着纸浆盆看了起来。

澎澎：“我们这组的纸浆好像快要做好了。”

珈乐：“我们这组的纸浆还没做好呢，还有很多纸没有捣烂呢。”

图 5　再加工、捣烂

“我们组也是……”一下子传来

了三组一样的声音。

老师:“为什么有的组纸很快就捣烂了?”

经过观察,偲偲很快就发现了:“第 8 组(珈乐那组)的纸片撕得太大了,我们组撕的纸片小好多。”

老师:“看看是不是这样? 真的,没有捣烂的纸浆组真的都有这样的问题。”

孩子们又将盆里的纸片进行再加工、捣烂。

图 6　平铺纸浆

5. 平铺纸浆

纸浆做好了,孩子们把捣烂的纸浆平铺到抹布上。“我们的纸做好了,放在台阶上晾一晾,等着晒干吧。”

苹果:“我们的纸做出来会是什么样子呢? 就是灰灰的这个颜色吗?”

…………

6. 等待纸浆晾干

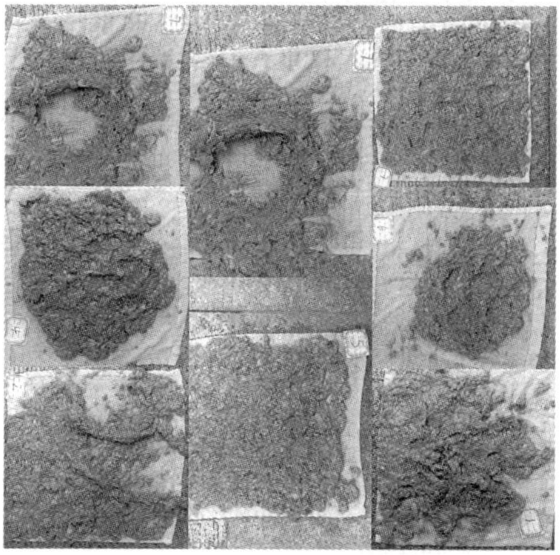

图 7　晾干纸浆

傍晚,孩子们快离园时突然下起了雨,一位爸爸来接宝贝时,没注意看脚下,把晾在长台阶边的两组做好的纸踩出了两个大大的脚印。第二天早上来园,孩子们发现有的作品上还被戳了一个个小洞洞,孩子们见此情形不禁失望起来:我们的纸还能做成功吗?

第四天下午,孩子们跑去看制作晾干的纸,发现只有第五组的纸是完整的。猜猜和笑笑将这张纸拿回了教室,我们将晾干的纸小心地揭开,有的地方轻轻一捏就碎了,断掉了,这是怎么回事呢?

图 8　第五组的纸

7. 我们的疑惑

问题 1

苹果:“报纸做出来的纸为什么是灰灰的,不是白色的?”

笑笑:“灰灰的颜色是报纸里的,报纸就是灰灰的。”

澎澎:“因为报纸上面有黑色的字,再加上报纸是灰灰的颜色,它做出来的纸浆就是灰色的。”

老师用百度搜索后得知,原来报纸所用的纸是新闻纸,纸浆里没有加入增白剂和荧光剂,所以做出来的就是和报纸差不多一样的灰色。

问题 2

果宝:“我们做出来的纸为什么有的地方厚,有的地方薄?”

珈乐:“铺在抹布上的时候没有铺好,把它铺得一样平就好了,铺的时候一定要铺铺平。”

问题 3

糖糖:“我们做出来的纸干了,有的地方轻轻一捏、一拉就碎了、断了,这是怎么一回事?”

珈乐:“可能是我们做纸浆时加的水太多了,烂掉了。”

偲偲:“应该是我们没有把纸浆捣得很烂,没有让它们黏在一起。”

(这次老师没有揭晓答案,而是让孩子们回家找答案,第二天与同伴分享)

珈乐:“昨天爸爸回家帮我查了资料,原来纸浆里要加胶水,这样它们才会黏在一起。”

偲偲:“我也和妈妈上网查了,加入面粉也行的,上次我们就是忘记加面粉和胶水了。”

制作花叶纸

1. 制纸新材料的加入

(1) 木胶或面粉。

体验到了初次做纸的乐趣后,孩子们提议:我们能不能也来做白色的纸呢?没有增白剂和荧光剂,怎样才能让灰灰的纸变白呢?大家一致决定用没用的白纸来做纸浆,还有另外一个最重要的事情是不能忘记在纸浆水里加木胶或面粉。

(2) 料理机和造纸网框。

考虑到捣纸浆是项麻烦的工程,龙蛋把家中不用的料理机带了过来给小伙伴们打纸浆。在珈乐的提议下,我们也将干抹布改成了造纸网框(这是珈乐在家和爸爸一起查找制纸方法时的发现)。

孩子们对新材料加入的作用做了总结。

料理机的加入:捣纸浆的速度变快了,我们可以不用那么累地捣纸浆了,而且打出来的纸浆细细小小的。

造纸网框的加入:纸浆铺在抹布上,抹布上都是水,很难晒干。造纸网框是用网做的,上面有很多的洞洞,纸浆上的水能从洞洞里流出来,晾干的速度也会快一些。

2. 捡拾落叶与花瓣,制作花叶纸

幼儿园操场上的樱花树开花了,风一吹花瓣飘落下来,像下了一阵花瓣雨。散步时,唯唯捡拾起地上的花瓣说:“我们可以把花瓣铺在做好的纸浆上,这样做出来的纸会特别漂亮,我在网上就看过这样的纸。”唯唯的提议得到了大家的赞同。孩子们捡拾起自己喜欢的落叶与花瓣带回了教室。

图 9 捡拾落叶与花瓣

3. 创意制纸

制作花草纸开始了，孩子们小心地将纸浆用勺子舀在了造纸网框上刮平，然后在上面铺上捡拾来的树叶、花瓣和纸绳（班上区域中的操作材料），完成后再把造纸网框放到台阶上晾晒。

图 10 晾晒造纸网框

4. 我们的纸做出来啦

因天气晴朗，起床吃完点心后，孩子们欣喜地发现：我们的纸晒干了。当老师把纸从造纸网框上揭下来时，大家不禁兴奋地鼓起了掌：我们的纸终于做出来啦！

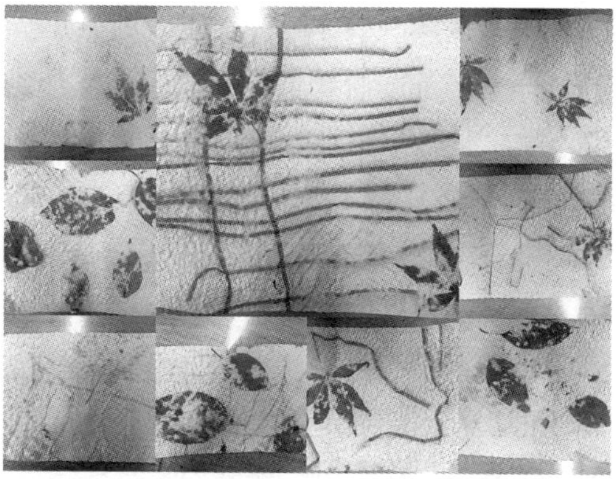

图 11 花叶纸

5. 我们的疑惑

在传阅欣赏我们做出花叶纸的过程中，孩子们不由发出了这样的疑问：这个纸怎么跟我们画画的纸不一样呀？做出来的纸怎么这么厚这么硬呀？观看了老师提供的制纸视频，对比他们制作过程中的照片后，孩子们发现了问题所在。造纸工人的做法：纸浆水很稀，在造纸时是将网框直接平放到纸浆水池里，然后快速地把它平提上来。我们制纸时的做法：纸浆水厚，装纸浆的桶很小，不能把造纸网框放入其中，需用勺子将纸浆舀在造纸网框上铺平，铺得很厚。

制作薄薄的纸

1. 收纳透明箱变身纸浆水盆

点点说：“我们的造纸网框如果也能放在一个大大的池子里就好了。”“这样我们做出的纸应该也能薄薄的。”有没有大点的东西可以装得下造纸网框呢？孩子们在班上四下寻找起来。娃娃家的玩具筐有点小，水盆又放不下造纸网框，这可怎么办呢？“这个大大的箱子应该可以的。”偲偲无意间发现阁楼下闲置的收纳箱。我们试了试，发现真的可以，孩子们不禁为这一发现欢呼雀跃。

我们将制纸的操作空间搬到了操场上，闲置的透明收纳箱变身成了纸浆水盆。在孩子们的建议下，我们又往里面加入了一些清水和木胶。孩子们轮流用木棒搅拌着纸浆水，等到纸浆水像浓浓的牛奶汁一样就可以开始制作啦。

推选出来的小组长轮流带着组员上来操作，制作纸的雏形，同时兴趣高涨的孩子们将散落在草地上的花瓣、落叶收集起来，撒进纸浆创意摆放，拼成各式各样的花纹图案，制作出了一张张美丽的花草纸放在台阶上晾晒。

图 12　制作薄薄的纸

2. 我们做出薄薄的纸啦

下午，孩子们起床后就迫不及待地去看花草纸晾干了没有，"哇！已经干啦，我们快去告诉老师！"然然和笑笑开心地跑跳到了老师面前。

孩子们围坐在老师面前，老师将造纸网框反过来轻轻一拍，再轻轻一揭，一张薄薄的纸就落了下来。小组长在老师的操作示范下，也顺利地将做好的纸揭了下来。孩子们小心地用手捏了捏纸："我们这次做出来的纸真的是薄薄的！""你看，上面还有花瓣呢！""好漂亮呀！"

图 13　成功做出薄薄的纸

3. 我们的疑惑

不过很快澎澎又有了新的发现：“我们做出来的纸怎么和我们画画的白纸不一样呀？”澎澎的疑问很快得到了回应。“好像是不一样！”笑笑说。笑笑拿来了一张白纸。珈乐：“白纸摸上去滑滑的，我们做的纸摸上去不滑。”

笑笑摸了摸纸：“摸上去好像有点毛毛的。”

小布丁：“摸上去还有点痒痒的。”

澎澎：“我们做的纸上有很多的白点点，里面还有黑色的小点点，脏脏的东西，画画的白纸很干净，上面什么也没有。”

糖糖：“我们做的纸看上去皱皱的，有许多皱纹，画画的白纸很光滑。”

图 14　皱皱的纸

这究竟是怎么一回事呀？孩子们很疑惑。老师也有些为难，不知道该怎么回答。

老师：“澎澎提的问题很好，大家有什么好的办法能找到答案吗？”

孩子们有的提议可以回家找爸爸妈妈帮忙，有的则提议可以上网找答案。

猜猜：“可以直接用网络找答案，爸爸妈妈帮我查找资料就是在网络上找的。”

于是，老师和孩子们一起利用网络查找纸张制作的方法。

制作光滑的纸

1. 制作像画纸一样光滑的纸

为了制作出像画画用的白纸一样光滑的再生纸，在这天的区域游戏中，然然、偲偲、果宝和帅帅来到制纸区，看着操作区的制纸图示开始了做纸。看，四个好朋友将造纸网框放进纸浆水中，小心地提起，再将干布放置在扁平的纸浆上，将其倒置过来在纸浆上再放一块干布，用圆柱形的积木在上面擀压挤去纸浆中的水分。

图 15　制作光滑的纸

2. 我们一起画一画

为了更快地看到结果，偲偲提议可以用班上的电吹风让纸快速变干。老师帮忙小心地把纸揭开放在光滑的桌面上，然后用电吹风吹干。孩子们上来检验成果：被圆柱形的积木擀压后的纸真的稍稍变光滑了，然然还在纸上画了一个太阳，虽然跟画画的白纸的光滑度还是有些距离，不过终于可以在自己做的白纸上画画了，孩子们兴奋不已。

图 16　在白纸上画画

3. 能做出彩色的纸吗

在一次折纸活动中，许是发现了折的纸是彩色的，辰辰突然跑过来问老师：“老师，你看这张纸是绿色的，我们能做绿色的纸吗？”听了辰辰的提议，班上的孩子们开始七嘴八舌地说了起来：“是的，我们还可以做红色的、黄色的纸。”“还有彩色的纸。”“那你们觉得怎样才能做出彩色的纸呢？”老师把问题又抛回给了孩子们。

点点：“用彩色的纸来做纸浆就能做彩色的纸。”

珈乐：“变出有颜色的纸浆水应该就行了。”

糖糖：“我知道，可以用颜料，在纸浆水里加入颜料就可以了。”

璟璟：“做红色的纸就加红颜料。”

小布丁：“做蓝色的纸加蓝颜料。”

然然：“还可以加色素，我妈妈做蛋糕的时候就会在白色的奶油里加色素，奶油就会变出不同的颜色，有绿色、红色、蓝色，好多种颜色。”

乐仔：“我知道，还可以加橙汁。我妈妈在家用榨汁机打橙汁给我喝的，橙汁就是橙色的。”

二宝：“对，还有火龙果汁，火龙果汁是红色的。”

小核桃：“还有黄瓜汁是绿色的。”

乐仔：“还有菠菜汁也是绿色的，我妈妈就用菠菜汁加在面粉里包饺子给我吃的，包出来的就是绿色的水饺。”

…………

制作彩色的纸

1. 我们来做实验

调制彩色纸浆水的第二天，孩子们根据自己的想法，在老师的帮助下调制起不同颜色的纸浆水。

然然组选用的实验方法：将玫红色的色素粉加入白色的纸浆水里调制玫红色的纸浆水。

乐仔组选用的实验方法:将胡萝卜汁加入白色的纸浆水里调制橙色的纸浆水。

珈乐组选用的实验方法:将绿色的颜料加入白色的纸浆水里调制绿色的纸浆水。

笑笑组选用的实验方法:将橙子汁加入白色的纸浆水里调制橙色的纸浆水。

点点组选用的实验方法:将黑色的卡纸做成黑色的纸浆水。

图 17 制作彩色的纸

看,下面就是我们调制出来的各种颜色的纸浆水。

图 18 纸浆水

2. 我们来做彩色的纸

彩色的纸浆水调制好了，究竟能不能做出彩色的纸呢？孩子们迫不及待地动手操作起来。由于放置彩色的纸浆水的盒子比较小（班上没有那么多的收纳箱），造纸网框不能放置进去操作，孩子们选用了将彩色纸浆水倒在造纸网框上的方法，将干布放置在扁平的彩色纸浆上，将其倒置过来在纸浆上再放一块干布，然后放到外面等着晾干。

图 19　将彩色纸浆水倒在造纸网框上

3. 彩色的纸做出来啦

第二天早上游戏后，孩子们发现他们做的彩色纸终于晾干了。每组组员小心翼翼地将自己做的纸拿进了教室，小心地撕开抹布，哇！纸真的变出颜色了。闻一闻，胡萝卜纸浆水和橙汁纸浆水做出的纸还透着淡淡的清香。孩子们分别给自己组做出的纸起了好听的名字：橙汁纸、胡萝卜纸、绿颜料纸、黑卡纸、色素纸。

图 20　彩色的纸

不过也有一些小插曲：笑笑组做出的橙汁纸在撕开时，竟然破裂了，好多粘在了布上，成品纸只剩下了一块小的。孩子们在讨论这一问题时，糖糖说：“这是因为她们这组的纸做得太薄了，所以才会变成这样。”偲偲说：“我们做纸的纸浆水要浓一点，就像牛奶一样。”苹果说：“对，就像我们喝的白粥一样。”

孩子们为这次的挑战成功开心不已，澎澎说：“我们就像科学家一样在做实验，我们终于成功啦！”

教师的感悟

体验式学习是人类最基本的学习方式之一，是一种以学习者为中心，通过学习者在实践中获得知识、技能，形成积极态度的学习方式。这一学习方式和过程强调个体体验对学习的意义，包含了杜威的“做中学”的思想，同时又不是简单地主张要在“做”（实践）中获得新知识和新技能，它更关注对经验的总结和反思。对幼儿园的孩子们而言，最好的学习方法就是在最直接的体验中学习，在动手中发现。在“我是小蔡伦”这一系列活动中，我们希望孩子成为这一活动真正的主人，这一过程不是老师教给孩子知识的过程，而是一个伴随孩子兴趣，鼓励孩子自己探索与发现，陪伴孩子一起丰富知识、增长见识的过程。

在“我是小蔡伦”这一活动中，我们班的孩子们通过动手操作——发现问题——共同解决问题——反复实验，体验到了成功制作出纸的乐趣。孩子们在探索过程中自主观察、自主探索和自主建构经验，是主动的探索者、研究者、发现者和知识经验的主动建构者，发展了孩子观察感知、分析比较、大胆尝试、实际动手操作等方面的能力。教师提供丰富的可操作材料，为每位幼儿都能运用各种感官、多种方式进行探索提供活动条件。

孩子们的这一探索过程，其实也是我们老师成长提高的过程——让我们老师从对纸的制作流程的一知半解，到慢慢和孩子们一起体验探究、反复操作的实验过程中，成为“制纸专家”。正如澎澎小朋友所言：科学家和发明家就是这样慢慢一步一步做实验才会成功的！

专家点评

“我是‘小蔡伦’”是典型的因资源而生成的主题系列活动。此类活动最值得关注的是“如何将资源转化为幼儿经验”。这篇故事,给了我们一些富有意义的启示。

首先,幼儿的行动是资源与经验之间的桥梁。课程作为实现教育目标的手段,其要义就在于支持幼儿进行“学习”,而幼儿学习的主要方式就是行动,因此,要让“物”的形态的资源最终转化为“精神”形态的幼儿经验离不开“行动”,离不开“做事”。本故事中,幼儿便是通过“造纸”进行学习,获得发展。需要重申的是,造纸的价值在“造”这一动态过程,而非“纸”的成品结果。我们需要珍视的是造纸过程中幼儿产生的疑问、面临的挑战、操作的机会、兴奋与惊喜、遭遇的挫折,以及成功后的满足……

其次,资源在真实的问题情境中最能促动幼儿建构经验。学习心理学的研究表明,人在真实的问题情境下,最易发生有效深度学习。故事中,幼儿造纸的过程几乎就是一个解决连锁问题的过程——用什么原料造纸?纸易碎怎么办?如何造出轻薄、光滑的纸张?如何做出彩色纸?而这些问题,都是幼儿迫切想破解的,都是“真”问题!真问题的“真”主要体现在两个方面,一是这个问题是幼儿主动思考、意欲解决的;二是这个问题确实对幼儿有难度,对其已有经验提出了挑战。在资源利用中,要特别警惕为了利用而利用、为了提问而提问,过度关注资源却无视幼儿的真疑问、真困惑、真需要的现象。

再次,要科学、灵活地规划活动层次、组织活动内容。尽管在生成性活动中,幼儿的兴趣需要、行动过程和学习结果带有很强的开放性、灵活性,难以进行明确的预测和计划。但活动的顺序组织应尽量符合课程组织的基本原则,与幼儿学习的一般规律相一致。在本故事中,各活动环节明显呈现出由浅入深、由易到难、由简单到复杂的规律——最初,幼儿探索简单的造纸方法,造出的纸虽然易碎、变形、很厚,但体验到了造纸的乐趣,并了解了造纸的基本流程;而后借助工具和辅料制作创意手造纸,优化的造纸方法;进而,幼儿尝试制作薄薄的纸、光滑的纸和彩色的纸,其中每一步都是在前一步基础上的经验提升。

(江苏第二师范学院　张　斌)

娃娃闹春

山西省晋中市第二幼儿园　王　玮　任国锋

持续时间:2018 年 11 月至 2019 年 1 月

年龄段:大班

缘　起

触摸着冬日里温暖的阳光,感受着腊月里春节的气息,孩子们关于春节的讨论也愈发激烈,有的说"爸爸妈妈要带我去海南玩",有的说"我要去泰国玩",还有的说"过年时我能在妈妈手机上抢红包"……讨论中,我们发现春节这一承载着丰富的历史文化内涵的节日,在繁忙的现代人的思想观念中显得越来越"单薄",匆匆的脚步让传统年俗离我们越来越远。因此,我园大班年级组开展了"迎春节"系列主题活动,结合当地的传统年俗——社火表演,引导幼儿体验传统的中国年,感受传统习俗的魅力。

大头娃娃开心社团成立了

幼儿通过了解社火活动,自主选择感兴趣的社火表演,各社团纷纷成立。我们班承担的是大头娃娃社团,堃堃、桐桐、默默、洋洋、淼淼参加了本社团。

孩子们一边为自己加入了大头娃娃社团而兴奋,一边讨论着:"我看的大头娃娃表演有很多人,咱们的人太少了,怎么办?""叫咱们班其他小朋友也来。""没有其他小朋友了,都去别的社团了。"看到孩子们失落的表情,老师走到孩子们身边:"社团里边只能有我们班的小朋友吗?""不是,还能有别的班的小朋友。""那我们赶紧去找别的小朋友吧。"这时淼淼转头对着大家说:"其他小朋友怎么知道我们是大头娃娃社团呢?”孩子们互相看看,有的说“我们可以告诉他”,有的说“我们可以拿一个大头娃娃”。突然堃堃叫了一声:“别吵了,我们做张海报吧,把大头娃娃画上去。”最终,孩子们统一思想,分工合作。你画大头娃娃,我画彩带,洋洋画旁边的装饰。大家一起完成宣传海报,并招募社团成员。

孩子们信心满满地拿着做好的宣传海报来到了大一班。堃堃说:“我们是大头娃娃社团的,你们来加入我们吧!”小朋友们无动于衷,多多说:“什么是大头娃娃?”堃堃指着海报说:“就是这个,头大大的。”“那我可不想参加,太丑了。”这时孩子们一起看向老师,一言不发。老师蹲下来说:“我相信你们一定能招募到社团成员的,老师和你们一起想办法。”带着这些困惑回到班上,我们展开了激烈的讨论。“今天我们招募的时候遇到了什么问题?”婷婷说:“没有人愿意来大头娃娃社团,我也不知道怎么介绍大头娃娃。”“那我们再一起来看看大头娃娃有哪些美好的寓意。”毛毛老师随即打开班级一体机和孩子们一起查阅,原来戴上大头娃娃面具以后,寓意庄稼可以丰收,人民生活可以安康,人们生活的地区会变得非常和谐。堃堃激动地说:“我们把寓意讲给他们听。”“再给他们表演一段。”于是孩子们再次来到了大一班,这一次堃堃给小朋友介绍了大头娃娃美好的寓意,洋洋和婷婷跟着音乐展示了一段大头娃娃的舞蹈,赢得了小朋友的掌声和叫好声,这时大一班的四个小朋友来到了堃堃面前:“我们想加入大头娃娃社团,你们社团真好玩。”

图 1　招募社团成员

经过一天的努力,社团成员招募完成,所有的成员集中在了一起。婷婷着急地说:“别的社团都有名字,咱们的社团叫什么呢?”小朋友开始七嘴八舌地讨论:“我觉得应该叫大头娃娃开心社团。”淼淼说:“我觉得叫大头娃娃快乐社团。”孩子们你一句我一句,争论不休。淼淼:“我们投票吧,这样公平。”孩子们一致同意,最后确定社团名字“大头娃娃开心社团”,就这样关于大头娃娃闹新春的故事开始了。

图 2　确定社团名字

我们为社团出谋划策

1. 计划中……

(1) 大头娃娃表演我们需要做什么(谈话)。

孩子们之前了解了社火表演,争先恐后地想去试一试,现在,孩子们要自己来表演,大头娃娃的社火表演到底需要做什么呢?

桐桐抓了抓头发说:“大头娃娃的表演要有大头。”老师追问:“那你们喜欢哪个大头娃娃?”“我喜欢老奶奶。”“我要选小女孩。”“我最喜欢孙悟空。”……

孩子们都选择了自己喜欢的大头娃娃造型,还需要什么呢? 月月说:“还需要衣服,表演穿的。”“还需要道具,孙悟空手里拿着的金箍棒。”接着孩子们陷入了一片沉寂,似乎想不出还需要什么,这时老师说:“那我们找一段大头娃娃的社火表演,一起看看,好吗?”孩子们欢呼雀跃:“好啊,好啊。”看完之后,孩子们七嘴八舌地说:“还需要音乐。”“还得有动作。”“需要的东西好多呀。”淼淼一脸茫然:“这么多东西,一会就忘了。”

这时站在旁边的祺祺高喊一声:“做计划,做了计划就不会忘。”大家都同意祺祺的方法。

(2) 分组做计划。

孩子们在老师的引导下，自然分成两组，开始分工、合作、商量做计划。

图 3　分组做计划

2. 实施中……

（1）设计制作道具。

毛毛老师为小朋友购买了表演所需要的大头娃娃，孩子们根据自己制订的计划开始实施，你一言我一语表达着自己的想法，并决定回家找一些制作大头娃娃道具所需要的材料，第二天带到幼儿园。

图 4　制作道具

第二天，孩子们从家带来了制作道具需要的绸子、毛巾、布头、废旧水彩笔、瓶子，以及收集来的金箍棒等。每个孩子按照自己的计划开始热火朝天地制作起来。

正当大家紧张忙碌地制作时，堃堃说：“我是孙悟空，我妈妈给我买了一根金箍棒。”“我也是孙悟空，我想自己做一个,可是我家没有材料。”“我是老爷爷,我得做一个拐杖,我们家没有木棍。”

听到孩子们的讨论,老师说:“那我们在教室里找找有哪些材料可以做金箍棒和拐杖。”小孔和然然没有发现合适的材料,有点沮丧。站在身后的然然突然跳起来大叫一声:“去四楼吧,木工坊可能有。”随即孩子们来到木工坊,并且找到了合适的材料,高兴地说:“我们可以用木棍做,木棍结实。”

图5 寻找材料

带着材料回到班上,小孔和然然也投入到忙碌的工作中。小孔发现自己金箍棒上的颜色总掉,看看旁边堃堃的金箍棒赶紧问:“你的怎么不掉颜色?”“我用的红纸。”小孔找到了胶带和红纸,请然然帮忙把红纸缠在木棍上,用胶带固定。这时小孔又发现了新问题:自己做的金箍棒和堃堃的还是不一样,上下两头需要黄色。有了前面的经验,小孔找来了黄纸,对折,裁成大小相等的两块,并且固定在金箍棒的上下两端。小孔拿着自己的金箍棒左看看,右瞧瞧,还是不开心。这时老师走到他的身边:“小孔,怎么啦?”小孔低着头说:“上面应该有字,我不会写。”“老师陪你一起想办法,我们一定可以解决。”小孔点点头,想了一会:“老师,你帮我写在纸上,我照着写,可以吗?”老师用肯定的眼神回应小孔。

小孔在教师的帮助下,终于完成了金箍棒,兴奋地拿着在教室里舞起来。然然看着小孔的金箍棒信心倍增,也用白色的纸对拐杖进行了装饰。

各种各样的道具在教室里舞动起来,孩子们一边欢呼一边在教室里奔跑。

图6 毛巾做扇子

图7 PVC 管做的拐杖

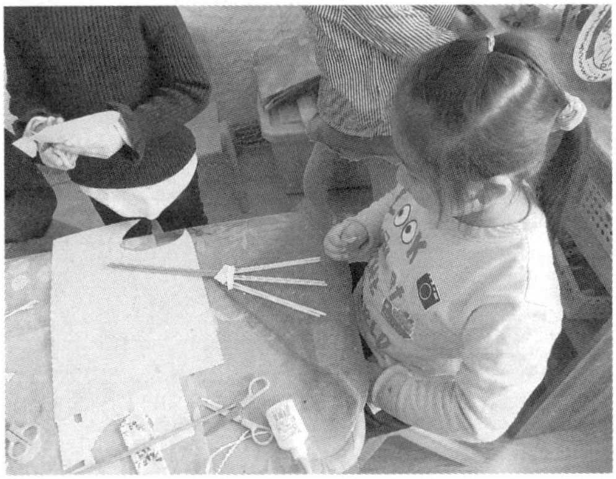

图8 筷子和布头做的扇子

(2) 欣赏音乐、创编动作。

道具制作好后，我们又开始寻找合适的音乐，老师给孩子们提供了《金蛇狂舞》《东北秧歌》《欢乐童年》等音乐。到底选择哪首音乐，孩子们展开了激烈的讨论：“要选开心的音乐，表演大头娃娃特别开心”，“还得跟着音乐的节奏做动作呢”。小朋友一致同意他们的想法，首先音乐应该是欢快的，其次节奏明显的，最后是孩子们耳熟能详的。经过大家的投票，最后确定把《金蛇狂舞》作为我们的表演音乐。

老师和孩子们一起欣赏音乐、分析音乐，幼儿跟着音乐自主创编动作。当音乐响起时，彤彤跟着节奏挥动双臂，并走到前面举起自己的双臂告诉小朋友怎么做。老师对彤彤投去赞赏的眼神:“你的动作很棒,如果把手臂举得更高、更直就更好了。”这时祺祺赶紧说:“脚也要动起来。”说着手和脚一起摆动起来。淼淼跑到毛毛老师身边:“老师,你也拿个道具,和我们一起编动作吧。”毛毛老师爽快地答应了。当毛毛老师随着音乐拿着金箍棒舞起来时,掌声不断,打乱了创编动作的节奏……

图9　创编动作

孩子们欢呼雀跃:“毛毛老师玩金箍棒太帅了!”站在旁边的堃堃边舞动自己的金箍棒边说:“这个动作太帅了。”“毛毛老师的动作太像孙悟空了。”“我也想学一学。”说着孩子们拿起道具各自表演起来。

教师充分尊重幼儿自发的表现和创造(如:幼儿可以跟着音乐用自己喜欢的方式去创编动作)并给予肯定和适当的指导。教师会有许多时机以各种方式进入幼儿的游戏,要珍惜与幼儿一起探索的机会,发挥教师的介入价值,如上述中教师的介入就给予了幼儿创编动作的引导,这既给幼儿的游戏增添了新鲜感,又引导幼儿的游戏水平更上一层楼。

(3) 队形的变化。

“还有什么不足呢?”

虽然孩子们的积极性空前高涨,但由于经验的限制,大家的表演还是停留在排好固定的队形做动作,没有队形的变化。于是我们再次欣赏大头娃娃社火表演活动,以提升经验。

天天边看边兴奋地说:“他们扭起来很好看。”“他们一会儿三角形,一会儿变成竖的四行。”孩子们发现了社火表演中漂亮的队形变化。老师说:“我们的表演可以设计什么样的队形呢?”孩子们有的说出刚才看到的队形,有的想到了舞蹈班的队形,设计了各种可以变化的队形,丰富了表演的形式。

图 10　队形的变化

大头娃娃开心社团闪亮登场

春节即将来临,社火表演也紧锣密鼓地准备着。孩子们邀请了爸爸妈妈和中、小班的弟弟妹妹来参加。这天,孩子们纷纷来到社团,每个人脸上都洋溢着开心的笑容,要把最好的表演展示给大家。

锣声一响,孩子们迅速穿好服装,拿上自己亲手制作的道具,游行队伍来了。看,大头娃娃社团的孩子们挥舞着自己的双手,把最美好的祝福送给在场的每一位观众。

《金蛇狂舞》音乐开始的一瞬间,大头娃娃们迈着自己独特的步伐走向场地中,引来阵阵喝彩声,孩子们不断地变换队形,根据不同的动作表演人物的经典造型。孩子们用自己独特的方式来庆祝对春节的喜爱,对传统文化的向往。孩子们的社火表演赢得了家长和小朋友的热烈掌声，许多爸爸纷纷加入“大头娃娃”的表演中，突显传统文化的魅力所在。

图 11　闪亮登场

后续……

表演结束后孩子们异常兴奋，有的说：“我想表演给爸爸看，因为他没有来。”有的孩子说：“我好开心呀，玩得太嗨了。”还有的孩子说：“特别好玩，我还想演一次。”这样的活动不仅给孩子带来了快乐，更体现了他们的自主能力。家长们也感受颇深，洋洋爸爸说：“社火表演这样的传统文化习俗能让孩子们更加深刻感受到中国传统文化对我们的深远影响。”钦钦妈妈说：“是啊，现在的孩子们对中国的传统习俗、传统文化知道得太少了，这样的活动有利于帮助孩子们传承中国传统文化。”家长朋友们也纷纷表示像这样的活动幼儿园可以多举办几次，更希望自己能参与其中，与幼儿共同活动。

大头娃娃活动依托晋中本地“社火文化”资源，幼儿在亲身体验中发掘兴趣，在感受传统文化魅力的同时，丰富生活经验，提升游戏水平。幼儿通过与同伴的互动、与材料的互动、与教师及家长的互动，在一系列、多领域的活动中获得有效的经验。大头娃娃社火活动源于幼儿对大头娃娃的兴趣，幼儿在已有经验和兴趣的碰撞中，自主发现问题，积极探究、解决问题，推动了游戏步步递进。整个活动体现了本土化、多元化和自主化。

我们的活动，我们的探索，我们的故事，还在继续……

教师的感悟

1. 感受传统文化，培养爱国主义精神

春节是中华民族的传统节日，也是中华民族传统文化的一个象征。但如今很多的传统文化已经丢失，年味逐渐变淡。面对此现状，幼儿期开展传统文化教育尤为重要。幼儿时期开展传统文化教育对幼儿的情绪情感有着积极促进作用，有利于幼儿健康、积极、爱国等良好情绪情感建立。“娃娃闹春”主题活动，以幼儿的经验和兴趣为出发点，让幼儿从小感受优秀传统文化，了解当地民俗风情，增强归属感，增强作为中国人的自豪感。

2. 以传统年俗为契机，促进幼儿深度学习

教师充分尊重幼儿的意愿，不断观察幼儿在活动中的表现，鼓励幼儿发现、解决问题，关注幼儿在社团活动中的认知与学习，并给予相应的支持，促进幼儿深度学习。以传承传统文化为契机，幼儿在社会性、学习品质、科学探索、前书写以及感受美、表现美、创造美等方面均得到发展。

3. 尊重学习特点，提“问题”鼓励幼儿主动学习

幼儿与生俱来就是主动的学习者，他们能有意识和有目的地做出选择、决定和计划，在整个社团活动的过程中，教师给幼儿留下问题的空间，幼儿运用已有经验，根据内容与现实世界的联系，获得并迁移新经验，真正去解决问题。

专家点评

春节是我国影响最为广泛和重要的传统节日，也已被列为国家非物质文化遗产，每个孩子的童年都留有深深的春节印记。“娃娃闹春”课程故事源于该园春节系列主题活动，结合了当地的传统年俗——社火表演，由此将传统的、艺术的、生活的意义融为一体，实现了幼儿的多方面发展。个人认为该课程故事有以下三点值得借鉴与学习：

第一，传统文化传承的价值。文化传承要从小渗透，需要长期的耳濡目染。现代儿童文化生活越来越丰富，国外各种文化对儿童的影响也越来越广泛。由于商业宣传以及活动形式的新颖性，西方各种节日对儿童的吸引力大有超越传统节日之势。春节作为我国重要传统节日，蕴含传统习俗与文化元素，具有很好的教育价值，值得去深入挖掘与生成相应的课程活动。传统节日活动，对于培养“根植中国、面向世界的儿童”具有重要意义。

第二，幼儿自主的学习方式。自主是游戏精神之一，也是幼儿有效学习的重要条件。幼儿的活动自主不是自然实现的，它既需要活动适宜幼儿能力水平，更需要活动中教师有效的策略支持与宽松民主氛围的营造。该课程故事中，教师能及时关注、回应儿童的问题，为活动预留空间，根据儿童兴趣生成有价值的活动，支持幼儿的探索与表征，不断实现着幼儿的自主发展。

第三，符合幼儿的学习特点。幼儿学习以直接经验为基础，在行动中学习，做事的过程即为幼儿学习的过程，也是幼儿获得新经验的过程。该活动中，幼儿基于真实的任务驱动，自主协商制作宣传海报、分组做计划、设计制作道具、创编动作与队形、参与社火表演，深度学习不断发生，幼儿的有效发展也得以实现。

（苏州幼儿师范高等专科学校　张　晗）

“移动城堡”诞生记

江苏省无锡市东湖塘中心幼儿园　唐丹丹

持续时间:2018 年 11 月至 2019 年 3 月

年龄段:大班

缘　起

中班开始,孩子们就逐渐接触树枝这种生活中常见的材料,与树枝材料玩游戏。孩子在摆弄树枝的过程中经验逐步丰富,从单根到多根,从平面到立体,形状、空间的逻辑思维得到了发展。

大班上学期,在开展“玩转枝丫”主题活动前,基于大班孩子的兴趣点和经验基础,围绕“我们可以做些什么”“孩子的经验增长点在哪里”这两个问题,老师们进行了审议,主要探究以下三方面的内容:

① 孩子对树枝材料的运用从简单的摆弄向建构游戏发展,建构游戏会带给孩子极大的想象和创造的空间。今后还会运用哪些不同的材料尝试建构?

② 此前孩子们使用的多是细、短的树枝,对于比较长、比较粗,不同形态的树枝,或者树干、树桩、树枝片,孩子们的兴趣点在哪里,会在活动中获得哪些方面的经验?

③ 在游戏中,目前孩子们会思考用合适的辅助材料,在后期的活动中我们可以准备哪些工具和辅材?

基于以上考虑,我们在教室里投放了多种形态的树枝,还准备了修剪树枝常用的桑剪。

不期而遇——一间树枝小房子

昕昕和小濠在材料柜里选择合适的树枝，用桑剪修剪成自己需要的长度，捆捆扎扎变成了一个三棱柱和一个长方体，又将两者放在一起，变成了一座小房子。他们对自己的这个发现特别开心，迫不及待地和别人分享。

“你们真厉害!”

“我们是最佳搭档。”

“这个房子太小了，你能造一个我们也能住进去的房子吗?”

“那我要用很长很长的树枝。”

“我们两个人不行，要找人帮忙。”

“我们需要一个小分队。”

图1　一间树枝小房子

老师发现，孩子们对各种形态树枝材料的探索，体现出了无限的创造力。他们将单根的树枝不断组合建构，从平面的相框到立方体，再到小房子，在实践中发展了想象力。我们预设的工具——桑剪也发挥了作用，有效地促进了孩子的自主探索活动。从小濠和昕昕身上可以看出，大班孩子有合作的意识，他们是“最佳搭档”，可见他们有过多次合作的经验，已经产生了一定的默契。同时，他们也有一定的自我判断、自我认知，会主动寻求帮助，成立小分队建造大房子。

这时我们可以看到，孩子的兴趣点依然是利用树枝进行建构，并且提出了新的挑战:用长树枝建造一个能容纳自己的房子。孩子们需要哪些经验的支撑才能完成挑战?在建构这个房子时,孩子可能会从中获取哪些方面的成长?

基于这两点,我们班的两位老师对这个活动开展的价值、意义和开展形式进行了一番讨论,最终达成共识:以昕昕、小濠这两个孩子为中心,开展小组活动;他们建造这个房子可能需要一些基础的建筑经验,也需要一些立体空间思维的支持;孩子们的互助合作力可能会提高;同时,对材料、工具的运用会提高手部灵活性,自主探索的过程能有效促进学习品质的发展。因此,我们着力支持孩子们接下来的系列活动。

初次尝次——建造能容纳自己的房子

1. 用树枝建房子

首先,老师和孩子们梳理了制作流程:设计图纸、选择材料、建造房子、完善房子。小濠带着小分队成员画出大家心目中的房子,从图纸上可以看出,此刻他们的呈现方式比较平面,简单地预测了所需树枝的数量。随后他们在树木创意馆中,有意识地选择比自己高的长树枝,但树枝上有很多的分杈。于是他们熟练地戴上手套、拿起锯子、做好标记,合力锯掉了多余的枝杈。

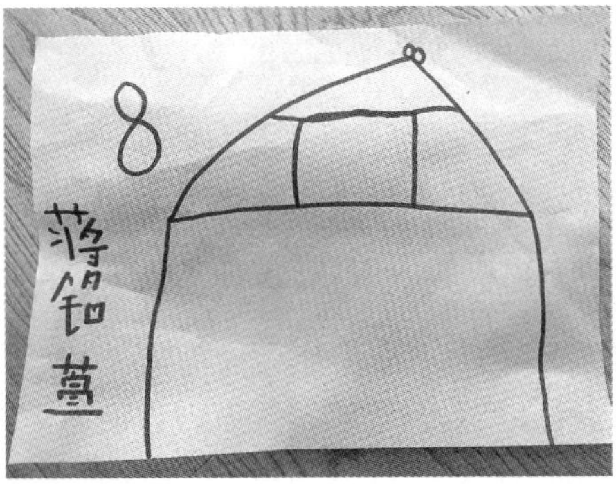

图 2 图纸

图 3 合力锯掉多余的树杈

第二天区域游戏时,昕昕和小濠运用扎带,与小伙伴合作搭建了能坐下一个人的房子。每天,他们都会在区域游戏时把房子搬出来。

图 4　运用扎带搭建的房子

2. 发现问题

几天以后，淇淇和晨晨搬树枝房子游戏的时候，树枝房子散架了。可以用什么方式连接、固定树枝呢？晨间谈话的时候大家围绕这个问题讨论得热火朝天。

图 5　树枝房子散架了

淇淇：“我们用扎带重新固定一下就好了。”

晨晨：“对，要捆紧一点。”

萱萱：“我们上次用扎带捆得很紧，还用了很多根扎带，还是松了。”

锘锘：“我们可以试试别的办法。”

小濠：“我们用枪胶吧，老师一直用它贴我们的作品，很牢固的。”

梓煜：“对，我们在树木创意馆也用过枪胶。”

淇淇：“那里还有钉子，我们可以把树枝钉起来就牢固了。”

昕昕：“我们就去树木创意馆修理树枝房子吧。”

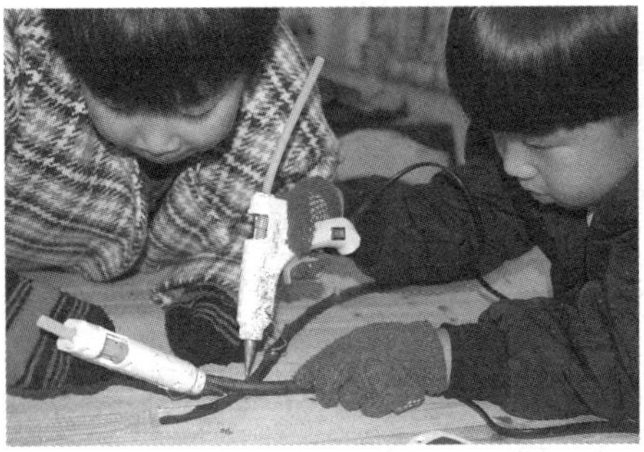

图 6　用胶枪固定树枝

图 7　用钉子把树枝钉起来

于是,他们分别用这两种办法进行了尝试。但是用枪胶粘的树枝第二天就脱胶了,用钉子也是非常难固定,因为在 3 根树枝交叉的地方钉子很难钉进去,而且用力敲钉子,树枝还会裂开。两种办法都以失败告终。

大班孩子对树木创意馆的工具、操作都有一定的经验,能熟练运用锯、敲、钉这些技能。在建造树枝房子时,他们不怕困难和失败,不断探索解决问题的方法。能坚持小组合作,清楚表达自己的想法,分享自己的办法。

当制作房子出现瓶颈时,老师便在微信群向爸爸妈妈们发起求助。爸爸妈妈给出了以下建议:第一,改变建构的方法,参考蒙古包的方式建造;第二,改变建构的材料,如使用更有韧性的竹子;第三,提供不同的辅助材料,如三通弯头等。

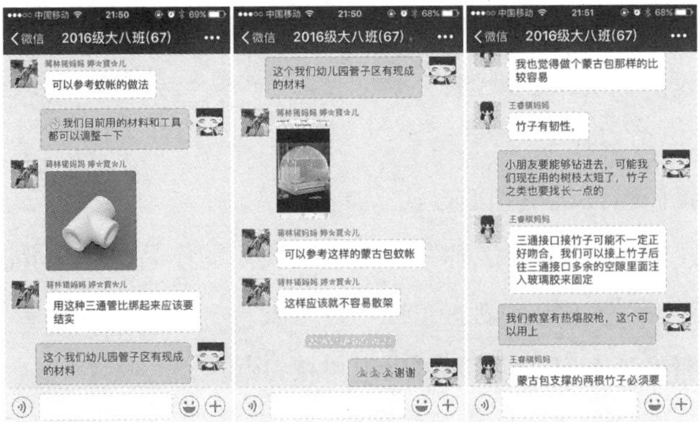

图 8　在微信群向爸爸妈妈们求助

特别是千育爸爸还带着孩子在家中先进行实验。回到学校，千育带着小濠、欣雨几个小伙伴一起，再次进行尝试，将自己的成功经验传授给其他的孩子，用宽胶带成功制作了房子。

图 9　用宽胶带成功制作了房子

但是孩子们并没有因此而满足，又提出新的问题：树枝房子里只能进一个人，怎样才能让更多的小朋友在里面游戏呢？

卷土重来——建造能容纳多人的房子

结合锘锘妈妈关于三通弯头的建议，孩子们联想到了创意管子区的 PVC 管，他们决定用 PVC 管子来建造一个能容纳多人的房子。

昕昕和小伙伴重新设计图纸，这一次他们图纸上的房子变成了帐篷式的，有一定的立体性，并且很明确指出管子的高度要比自己高出很多。

专用室活动时间，昕昕、锘锘和千育特意来到创意管子区，选择比自己高出很多的长管子，从底座开始，接出一个高大的框架，多次尝试之后选择合适的弯头接上了横梁，成功搭建了一个能够容纳 3 人以上的房子。她们非常开心，想把房子带回教室给同伴一起看，但是房子太大根本不能移动，于是她们用画笔记录了搭建的方法。

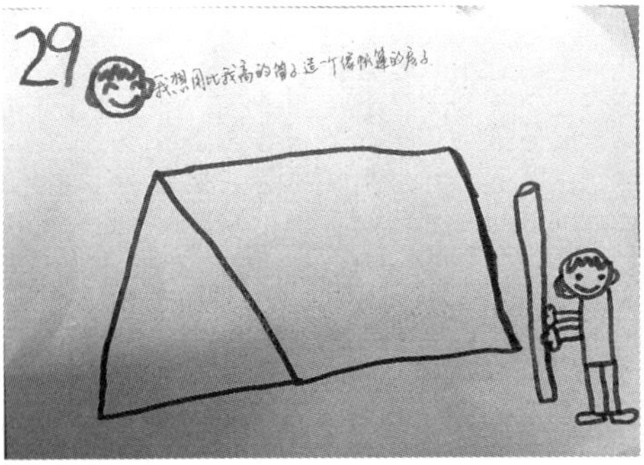

图 10　帐篷式房子

图 11　成功搭建能容纳 3 人以上的房子

图 12　绘画表征

图 13　绘画表征

回到教室，她们和大家一起讨论：怎么把房子运到想去的地方？

晨晨：“拆了管子，把零件拿回教室重新安装。”

千千：“搭的时间很长，来不及拿去图书角，游戏时间就结束了。”

莘博：“我家里的帐篷可以折起来的。”

梓煜：“那用我们做隔断的大纸板，纸板可以折叠。”

嘉嘉：“用户外游戏‘万能工匠’的管子，给房子做一个轮子。”

浩浩：“树枝不好钉，用木板可以吗？”……

最终，我们决定分组探索，建造一间高大的、能够移动的房子。一组运用“万能工匠”的玩具建造，一组运用纸板建造，一组用木板建造。

爸爸妈妈们的建议，让我们拓展了思考方向，开始使用不同的材料搭建。孩子们对管子材料的特性有了一定的认识，开始结合图纸探索帐篷式房子的建构方法。他们有新的想法，尝试新的挑战，结合不同工具、材料，分组探索，每次探索都有新的要求。

周而复始——建造便于移动的房子

1. 用“万能工匠”玩具建能滚动的房子

在开始建造便于移动的房子之前,孩子们集思广益,积极思考可以让房子滚动起来的办法。万能工匠组的孩子们想要给房子配上车轮,但是不知道如何安装。我们通过谈话活动“滚动的车轮”,了解汽车轮子滚动的原理,然后在户外活动中探索怎么建造房子。

孩子们搭出底座和房子轮廓,但两者上下大小一致无法组合。他们又尝试加长滚轮底座,但底座不稳定轮廓容易侧翻,于是又进一步调整,将滚轮直接按在房子底座上。这一次,我们房子终于可以移动了!

图 14 滚轮底座

图 15 房子可以移动了

2. 用纸板建能折叠的房子

另一组孩子看到教室的隔断,产生用纸板建造折叠房子的想法。他们仔细观察教室里的纸板隔断进行模拟搭建,随后来到课程资源室找到他们需要的大纸板。回到教室之后,有的负责拼合纸板,有的用宽胶带贴合,几人合作搭出了围墙和屋顶,将围墙和屋顶组合起来的时候,他们发现位置不好确定,小濠提出可以用贴纸标出准确的位置,再根据标记贴合,最终顺利建成了我们图书角的安静小屋。当纸板小屋不使用时就折叠起来,收纳在一侧墙角,非常节省空间。

图 16　寻找大纸板

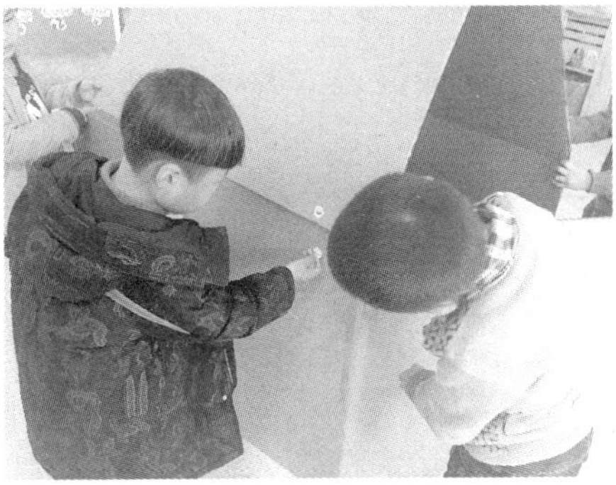

图 17　拼合纸板

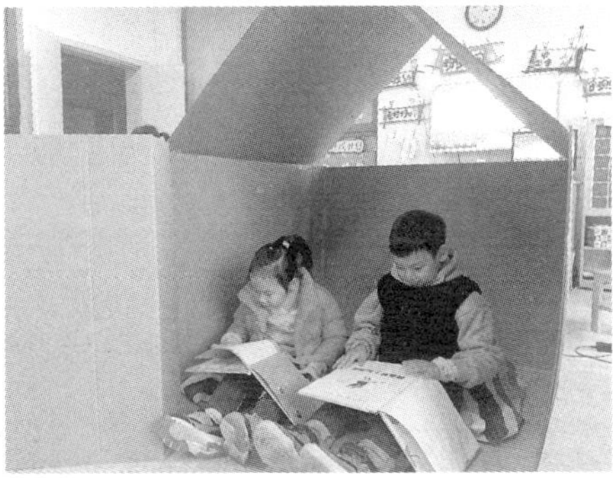

图 18　图书角的安静小屋

孩子们还提出要美化小屋，用颜料给小屋绘上了喜欢的图案。小屋有时是一个“移动城堡”，有时是一间“医院”，有时又是温暖的“卧室”。

图 19　美化小屋

图 20　“医院”

孩子们在分组探索时，对于熟悉的纸板、玩具材料，能根据材料的特征解决问题，达成目标。制作时，分工明确，合作完成并分享成功的喜悦。特别在贴合时，他们能运用标记帮助自己拼接，说明其想象力、创造力有了很大的提高。

3. 用木板建既能折叠又能滚动的房子

（1）设计与准备。

木板组的孩子将自己心目中的“移动城堡”画了出来。

萱萱：“城堡很大，可以 10 个小朋友一起玩。底下还有轮子，可以到处走。”

桢濠：“我们可以造两个城堡连在一起，就可以很多小朋友一起玩了。”

昕昕：“城堡的墙壁可以往上往下伸缩，再装上轮子。”

梓煜结合自己制作纸板房子的经验提出：“用一块一块的木板钉起来，在底下装 4 个轮子，前面 2 个，后面 2 个，收起来的时候，木板可以对折。”

思辰：“你说的像我们在野战医院用梯子做成的帐篷，只要装上轮子就可以了。”大家听取思辰的建议，参考了野战医院的人字梯，决定搭建帐篷式的“移动城堡”。

图 21　孩子们心目中的“移动城堡”

“这个金属片是什么?”

“这是铰链,我家里也有。”

“我们教室的门上也有,它折起来的时候,门就能开和关。”

“梯子也是用它折叠的,我们也可以用铰链。”

那么,建造“移动城堡”还要哪些材料和工具呢?

“我觉得需要 12 块一样长、一样宽的木板。”

“造城堡的时候要戴上手套,才不会被木板上的刺扎伤。”

“我们需要锤子、螺丝刀和很多很多的螺丝、钉子,用来固定木板。”

“木板可以用铰链连起来就可以折叠了,我们要准备 6 个铰链。”

“还要盖上大大的布,下雨的时候可以挡雨。”

图 22　绘画表征

“我们还要轮子,可以用‘万能工匠’的轮子。”

“不行,那个轮子只能向前向后,不能向左向右,也不能转弯。我们要每个方向都能转的轮子。”

“像餐车下面的轮子吗?周老师推着的时候,每个方向都能滚。”

“对,就是那个轮子。”

根据讨论,孩子们在树木创意馆中选择了需要的工具和材料,但是没有合适的木板和需要的轮子。欣雨小朋友说家里有长木板,和爸爸妈妈商量之后带来了很多长 8 厘米宽 2 厘米的木板。昕昕说爸爸妈妈经常网上购物,我们也可以在网上购买轮子。我们在电商平台上搜寻之后发现了需要的万向轮，在介绍中看到这万向轮还可以带刹车，孩子们决定购买带刹车的万向轮。

大班孩子对周围事物观察仔细，丰富的游戏经验、生活经验为他们的建造做了很好的铺垫。木板组的孩子目标非常明确，在造型和实现折叠滚动的方式上也有很多不同的想法。他们的思考逐渐成熟，能够自己归纳整理需要准备的物品，计划性越来越强。其他组的孩子主动参与讨论，将自己的经验与大家分享，同伴间的学习拓展了大家的认知。

（2）制作。

① 怎样制作支架？

备好材料，木板组的孩子们迫不及待地开始建造新的“移动城堡”，梓煜、小濠等几位小朋友已经完成自己组的探索制作，仍然强烈要求加入新的挑战中。他们先用两根一样长的木板拼搭成支架，但木板太短，于是他们就决定用铰链连接短木板。第一次安装铰链，孩子们发现自己力气太小，不能把螺丝拧进木板，就在木板上做了标记，用手摇钻钻出小洞再拧螺丝。

图 23　拧螺丝

图 24　绘画表征

连接上之后，再次拼搭时发现木板歪斜不好固定，于是他们回到树木创意馆，改用钉子固定，连接木板，制作支架。

不久，支架就完工了。当我们拿到室外支撑起来的时候，发现支架会下凹，于是孩子们提出再钉上木条进行加固。

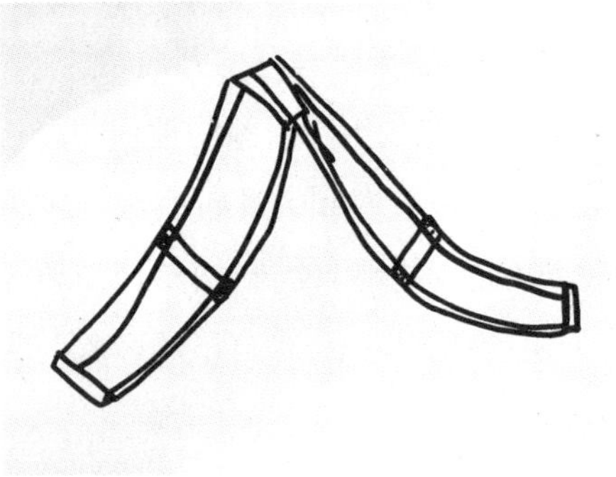

图 25　绘画表征

图 26　钉上木条加固

② 怎样安装轮子?

一开始,孩子们都不知道怎么安装轮子。在经过仔细观察轮子的造型之后,小濠发现轮子需要一个平面才能进行固定,但是我们所用的木板非常狭窄,根本无法安装。欣雨在材料框中仔细寻找,发现了长方形的木块,万向轮可以固定在木块上吗?

沛辰和莘博拧上螺丝,果然固定住了。

万向轮固定好之后怎么装在木板上呢?

孩子们进行了不同的尝试,首先用布条将轮子绑在木板上,但是很快就松动了。

图 27　拧螺丝

图 28　布条无法固定

小濠发现一个木块上有凹槽,正好可以卡住支架,于是拿来锯子想在每个木块上锯出一个凹槽,但是锯了很久锯出的凹槽还是太小,支架卡不进去。

虽然又一次失败了，但是他们没有放弃，仍然坚持尝试。最后，他们决定再试一试将木块钉在支架的侧面。为了不让支架倾斜，他们用笔和尺在支架上做好标记，将轮子安装在对称的位置。

图 29　锯凹槽

图 30　做标记

功夫不负有心人，万向轮终于安装成功了！

③ 怎样盖上布块？

“大大的帐篷上要盖多大的布呢？我们来量一量。”

“这个皮尺太短了，量不出来。”

“我有办法，看看有几个皮尺那么长。”

孩子们有的压住起点，有的拉住皮尺，有的做标记，齐心协力测量，最后他们记录下来帐篷的长为 45+45+45+8（厘米），宽为 37（厘米）。

图 31　安装成功

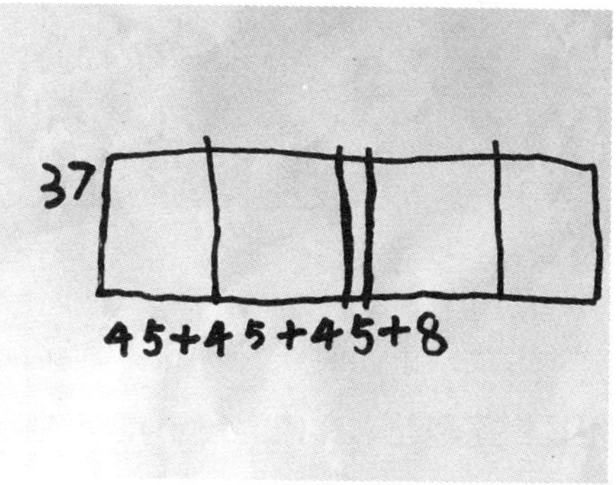

图 32　记录帐篷的长和宽

接着，他们从教室里拿来了一块花布，用同样的方法测量之后，发现大小差不多,于是就搬来了油桶,淇淇站在油桶上想把布盖在帐篷上,但是花布被卡了,而且顶端的布会垂下来。随后,孩子们钉了两块木板在支架的顶部,用双面胶将花布裹在了支架上,最后用钉子固定了花布。

图 33　花布盖在帐篷上

图 34　用钉子固定花布

最新的“移动帐篷”诞生了!

户外游戏时,孩子们一会儿把它放在玩沙区玩野外烧烤,一会儿又挪到小树林表演区里做小厨房。

图 35　野外烧烤

图 36　小厨房

游戏结束的时候,孩子们将“移动城堡”折叠起来,轻松地推放到走廊里,但是帐篷竖起来比门洞还要高,没办法直接推进走廊,这个“移动城堡”还可以怎样改进呢?

“移动城堡”的故事还未结束……

分享与思考

建成了既能折叠，又能滚动的房子，孩子们特别开心，他们有很多想法想和大家一起交流，于是我们开展了一个分享会。大家各抒己见，述说自己遇到的困难和解决的办法，提出了建造的注意事项。还有的孩子提出了一些新的想法：如木条会不会比木板更稳固？帐篷的高度和木板的高度要怎样确定？简单的梳理之后，大家决定制作一本“移动城堡”建造指南。

1. 准备篇

材料：长木条、短木条各4根，4个万向轮，2个铰链，一些钉子和螺丝，布。

工具辅材：锯子、锤子、手摇钻、螺丝刀、尺、纸笔、砂纸、手套等。

2. 制作步骤篇

（1）绘画设计图。

（2）将较长的木条用铰链两两相接。

（3）用较短的木条连接。

（4）安装轮子。

（5）在支架上包上布，最好是防水的布。

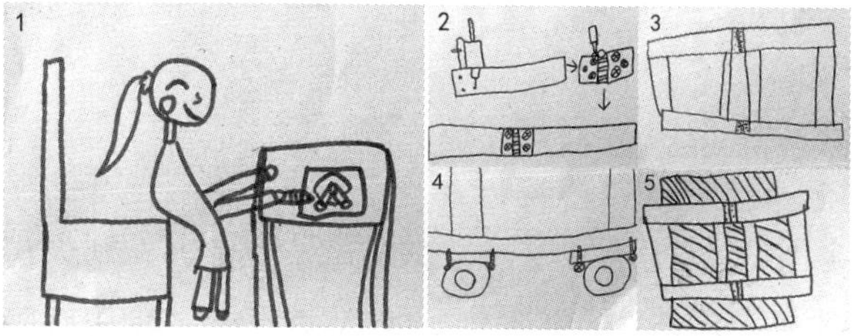

图37 制作步骤

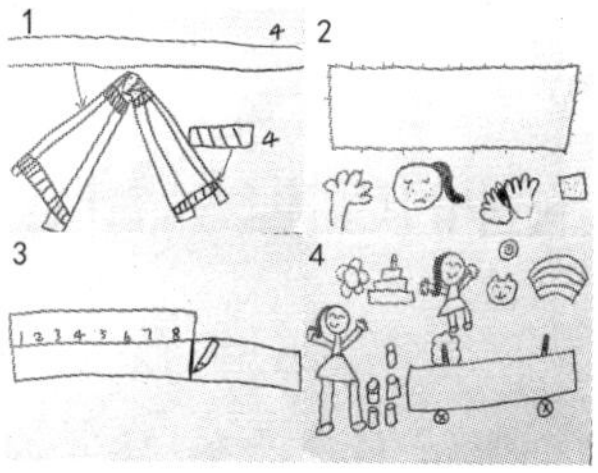

图38 注意事项

3. 注意事项篇

（1）做帐篷支架的木条要一样长，做中间连接的木条也要一样长。木板过长时，用锯子锯掉多余的部分。

（2）木板或者木块的边缘有很多刺，可以用砂纸将边缘打磨光滑，同时带好手套避免扎到木刺。

（3）钉子太长超出木板的厚度，可以用超轻黏土覆盖装饰，免得划伤手。

(4) 在木板上确定位置时,可以用记号笔做上标记。

活动进行到这里,我们开展了家园之间的课程审议,孩子、老师、家长共同参与其中。我们共同探讨"孩子们已经建成的'城堡'还可以怎样改良""所用的布块需要防水,应该如何选择"等问题。爸爸妈妈们非常支持孩子的活动,给出了很多的建议,如:纸板房子可以用魔术贴进行连接,不容易损坏;可以尝试用雨衣布或防水布"遮风挡雨"。爸爸妈妈也给出了不同的设计图,想和孩子们一起试一试。教师、家长在给予孩子物质材料支持的同时,也拓展了他们的探究方向。

图 39　一起来商讨

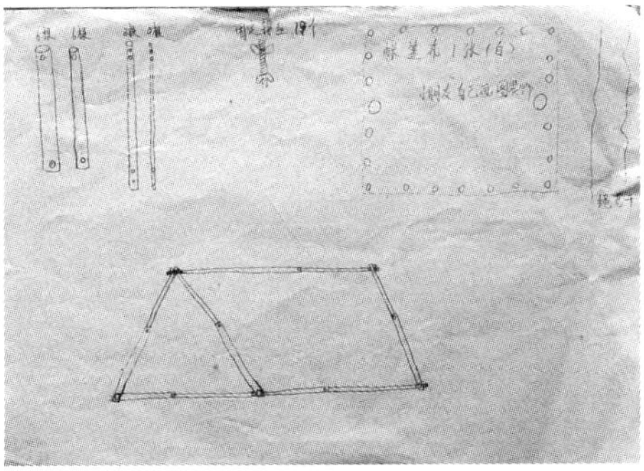

图 40　爸爸妈妈的设计图

教师的感悟

这个故事里,孩子们始终围绕"建房子"这一主线进行,从小房子到大房子,从静态到动态,从室内到室外,层层递进逐步提高挑战的难度。我们跟随孩子的脚步,在他们的每一次探索中都会有新的感悟和收获,每一次达到预设的目标后会及时反思。回顾这一阶段的活动,我们有以下几点思考。

1. 就孩子来说

这次探究活动,是孩子动手做的过程,是孩子探究具体事物和解决实际问题的过程。他们好奇、好问、好动,主动运用树枝、PVC 管、建构玩具、纸板、木板等丰富的物质材料和工具,先后建造了多座不同特色的房子,有的易损坏,有的坚固耐用,有的轻巧方便,有的制作复杂……在一次次观察、操作、比较之后，他们发现，可移动的房子需要“既轻便又牢固”的材料。

这次探究活动，不同于其他游戏，是建造一个真正可以使用的房子。这座能够出现在任何地方的房子，承载了孩子童话般的梦想。最终他们实现了自己的想法，这个“移动城堡”，不使用的时候可以折叠收纳，节省空间，使用的时候可以随意移动。制作的过程并不是一帆风顺的，孩子们遇到了各种各样的问题：建造时缺乏材料会着急，钉钉子时砸到自己手指会难过，车轮无法安装时会灰心丧气……这个活动承载了孩子的喜怒哀乐，呈现了他们积极主动的学习态度，以及他们不畏困难、持之以恒的良好学习品质。

这次探究活动成果，是集体智慧和劳动的结晶。孩子们喜欢以小分队的方式进行探究活动，自发地与拥有相同想法的人走到一起，从最开始的一个小分队，到分组探索时的三个小分队。每个小分队都有自己的“核心人物”，大家为了相同的目标开展建造活动。期间，他们奉献自己的生活认知、游戏经验，合作解决各种问题。他们遇到解决不了的问题，也能够向老师、家长求助，在多方互动中获得发展。

2. 对教师而言

这个探究活动是教师和孩子一起成长的过程。杜威认为：所有的学习都是行动的副产品，所以教师要通过“做”，促使学生思考，从而学得知识。在这里，学得知识的不仅仅是孩子，教师和他们一起观察、体验、表达……知道了建构房子时，使用的材料、房子的造型、建造的方式都会影响房子的稳定性。建造房子时，我们使用的工具材料专业性逐步增强，但教师对木工工具、五金材料并不熟悉，对房屋建造的原理也不甚明了，仍然需要进一步学习。教师和孩子一样，同为学习者。

同时，教师还是孩子学习的支持者，始终将孩子放在首位，保护孩子的好奇心、求知欲，活动的推进由孩子的兴趣点决定，从孩子的需求生发。为了让孩子的学习更加自主，为了学习方式更加多样化，教师将集体教学、个别化学习、小组学习相融合，强化孩子们的同伴合作，帮助他们提高语言表达、数学认知、探究记录、想象创造等多方面的能力。

3. 从课程出发

这个探究活动，给予了孩子充分自主探索的空间，从“玩转枝丫”主题中对树枝材料的探究,延伸到对建造方式的探究,引发了孩子对房屋结构的思考。课程的不断深入,推动了孩子认知的拓展、经验的提升。

《纲要》明确指出:"幼儿园应与家庭、社区密切合作,综合利用各种教育资源,共同为幼儿的发展创造良好的条件。"家庭教育对幼儿发展的影响是其他教育环境所不可比拟的。课程实施不仅是孩子的活动,也需要班级教师的参与,更需要家长的支持。整个活动中我们坚持教师、家长、幼儿三位一体,借助班级审议、家园审议,共同面对困难,解决问题,家长从课程的旁观者转变为参与者,家园合作更加紧密,亲子感情、师幼感情更加亲密。幼儿活动的空间不再局限于教室,他们走进家庭、活动室,将来还会走进社区。

结合孩子们对房屋结构的思考,我们两位老师在对课程进一步推进的过程中也产生了一些疑惑:生活中有哪些移动的房屋?参考"活动板房",可以如何改良或者新建更加稳固的"移动城堡"?孩子在探索不同造型的"移动城堡"时,从房屋建构角度需要哪些原理的支持?

下一阶段,基于孩子的需求,我们将邀请其他老师一起,开展组内、园部课程审议,探讨孩子的经验生长点,以及活动延续的开展价值与方式,生发更多有效的活动或主题。

专家点评

教育即生长，生长源于经验的不断改造与提升，没有经验的发展，亦没有幼儿的成长。幼儿园课程应是基于幼儿已有经验，为了幼儿有益经验获得的活动过程。

幼儿经验的获得是一个连续的过程，没有已有经验作为基础，幼儿就不能进行有挑战性的活动，也就不能持续展开有价值的探索。有了已有的经验，还要立足现有经验开展持续深入的活动，幼儿就能够在不断解决问题中获得新经验、改造旧经验。这样，经验就变得有生命力，具有发展意义。该活动中，教师立足幼儿摆弄树枝的经验，使用锯、敲、钉的技能以及形状认知、空间逻辑的思维能力，从用树枝建造小房子，到用树枝建能住人的大房子、用 PVC 管子来建造能容纳多人的房子，再到用“万能工匠”玩具建能滚动的房子、用纸板建能折叠的房子，最后到用木板建既能折叠又能滚动的房子，活动挑战不断增加，幼儿经验不断得以持续发展。

幼儿经验需要在具有真实任务的活动中才能得以发展，幼儿通过做真实、适宜、有趣的事来获得真正的发展。该活动中，幼儿围绕“建房子”这一主线，从建造小房子到大房子、从静态到动态、从室内到室外、从使用单一材料到综合运用材料，每个环节幼儿都在真实任务的驱动下，通过实际操作、分析、规划、设计、尝试、交流、合作等去解决问题，完成任务，进而引发更有挑战性的任务，层层递进展开活动，促进幼儿经验的提升。

有价值的课程，如果引不起幼儿的兴趣与积极参与，课程价值就无法实现；无价值的课程，即便引发幼儿活动兴趣与积极性，仍然是无价值的。该活动中，教师熟悉和了解幼儿的兴趣、需要以及已有经验、能力水平，非常清楚活动的价值所在，心中始终装着明确的目标，将幼儿经验发展的目标融于幼儿有兴趣的活动之中，并能根据活动中的问题进行有效审议，创设环境、提供材料与工具等支持幼儿的探索活动，从而实现课程价值。

（苏州幼儿师范高等专科学校　张　晗）

野炊！　野炊！

四川省成都市蒲江县北街幼儿园　孙灵犀

持续时间：2018 年 3 月至 6 月

年龄段：大班

缘　起

每年春季，幼儿园都会组织孩子们春游。以往的春游都是由教师决定去哪里，去干什么，但是孩子们真正想去哪里，想去干什么呢？这次我们决定把机会还给孩子，让孩子们自己选择春游地点和项目，于是组织了“我的春游地点和项目”讨论活动。最后结果是，孩子们最想去“孩子园”野炊。

蒲江县环境优美，有许多适宜野炊的地方。“孩子园”地处县城中心，附近有菜市场，方便孩子们准备野炊所需要的食材，这将给我们的活动带来很大的便利。由此，我们的“野炊”活动正式拉开帷幕。

野炊前的讨论

1. 你凭什么要管我

由于人数的原因，野炊需要先分组，在解决分组问题时，孩子们迁移了平日里小厨房活动的经验，迅速分为四队，并为自己的队取了队名和设计了队标。他们还专门解释了为什么要设计队标：“队标代表了我们的队名，这样我们就只需要画队标，不用写字了。”

分好组后，生活经验丰富一点的孩子就开始思考野炊需要的材料，比如可以吃什么东西，带什么工具。能力强一点、比较有计划性的孩子就开始安排哪个同伴带什么东西了。但没说几句他们就争执起来，很多被安排的孩子非常不满，反驳说："我为什么要听你的？""我才不想吃红烧鱼。"讨论演变成了争吵，有孩子就跑来向我抱怨："宇轩老是要管我，我不想听他的。"

孩子发生了冲突，老师问道："孙老师在幼儿园上班，有人管吗？"

孩子们马上回答说："园长管你"。

"管我干什么呢？"老师又问。

孩子结合平时的观察和他们自己的理解说："要管你有没有每天教我们本领。""管你每天有没有写作业（备课）。"

"那你们的队需不需有人管呢？"老师接着问。

"我觉得需要，不然有小朋友要偷懒。"

"我们队需要，就像汪汪队里面的莱德一样，负责安排事情。"

"除了需要一个'莱德'，你们还需要其他管事情的吗？"

"我们要交钱，那还需要一个管钱的。"

"还需要一个帮我们准备东西的，带卫生纸和水的。"

"我们队打扫卫生的也需要。"

"管我们安全的也需要。"

…………

孩子们经过讨论、权衡后决定要在队里选出五个人，一个管事情，一个管钱，一个管物品，一个管卫生，一个管大家安全。

图 1　孩子们在讨论

2. 管钱的叫什么

确定好了队伍里面需要的五个职务，孩子们觉得"管钱的"很不好听，老师便询问孩子们有没有更好听的名字，要让别人一听就知道这个职务是干什么的。

诗妍马上提议说："我们可以叫他'财物轻'。""'财物轻'是什么意思呢？"马上有孩子解释道："《弟子规》里面说'财物轻，怨何生'，就是他不能喜欢钱。"孩子们在取名字时还把对管钱人的要求也一并概括了进去。宇轩也紧跟着提议说："我们都要交钱给他，他有很多钱，我们就叫他'有钱人'。"老师又继续追问："还有没有更好的名字，让我们一听就知道这个职务需要做哪些事情呢？"小毛想了想举手说："孙老师，我还有一个，叫作'财神'，他是管钱的神仙。""财神需要做什么事呢？"孩子们马上调动自己的生活经验说："他管钱，还要安排谁有多少钱。""财神不会乱花钱。"……

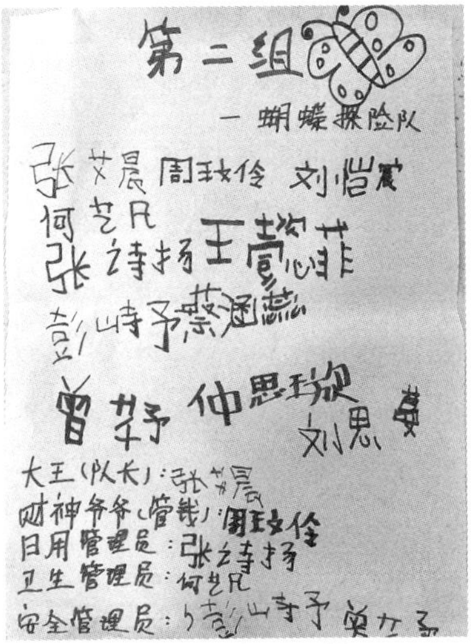

图 2　分组

这三个名字获得了大家的认同，孩子们通过举手投票选出了自己觉得最适合的名字"财神"。随后孩子又为"管所有事情的""管安全的""管卫生的""管物品的"分别取名为"大王""安全管理员”“卫生管理员”“日用管理员”。

3. 职务竞选

确定好五个职务后，孩子们一窝蜂地涌上来，争前恐后地说他们要做“大王”，要做“财神”。每个人都想做大王、财神，那么到底谁来当呢？孩子们又开始了新一轮的争论：

“我要当财神，我会管钱。”

“我要当大王，我喜欢‘莱德’。”

“你上午才把暄暄打哭，你不能当。”

…………

孩子们都表示自己能做某个职务，别人不能做。听了孩子们的话，老师“唯恐天下不乱”地提议：“要不然，我们每个人都来当，这样你们就不用争了。”宇洋马上拒绝说：“不行不行，这样就没有人做事情了。”

大班孩子的年龄特点决定了他们具有一定的竞争意识，并且对“争当一个角色”有了强烈的意愿，也知道一个团队是需要互相配合的。从前面孩子们处理问题的情况来看，他们能进行较为理性和全面的思考，是有能力解决问题的。所以，这些冲突也理应交由他们自己处理。

老师请孩子们思考有没有最公平的办法。峻熙想了想，提议说：“要不然，我们说自己的优点，让别人来选。”他又解释道：“我姐姐读一年级的时候选班长，就是这样选的。”这个办法获得了同伴的赞同。老师：“那优点具体指什么呢？”孩子们马上开始分析说：“我要当财神，因为我很小心，钱就不会掉。”“我当财神，因为我不喜欢钱，我不乱买东西。”“我要当大王，因为他们犯错误的时候，我能帮助他们改正。”……就这样，孩子们利用自己的生活经验和智慧，解决了“谁来担任某个职务”的问题。同时，他们决定在周末的时候，准备好说服别人支持的理由，周一到幼儿园开展竞选活动。

老师也将孩子们的竞选活动告知了家长，请他们给予孩子一定的支持。成人支持孩子“竞选”并不是说要培养孩子去当领导的这种意识，而是满足孩子的竞争意愿，并通过准备自己的发言，帮助他们找到自己的优点，从内心相信自己，同时能肯定别人的优点，欣赏同伴。

经过一个周末的精心准备，想要竞选职务的孩子都进行了竞选发言，有的怕自己忘记要说什么，还把发言内容画了下来。通过同伴的发言和平日里的相处，孩子们投票选择了自己那队五个职务的人选，并且能清楚地说出自己投票的原因。“暄暄很仔细，可以当财神。”“峰峰会想很多玩的方法，所以他能做大王。”……

图3　竞选活动

孩子们遇到问题时，能主动出主意、想办法。作为教师，我们要为孩子搭建平台，让其自主决定，独立做事，增强其自尊心和自信心。

野炊前的准备

1. 野炊需要什么工具？谁来带

各队职务选好以后，有孩子跑来问老师：“我们野炊要带什么工具去呢？”老师：“对呀，我们该带些什么东西去呢？”孩子们没有野炊的经验，我们便找来了野炊的小视频，看完后几个“大王”立刻和身边的同伴开始盘算：“烧火要用木头，那我们需要木头，我们做洋芋花需要用锅。”说着峻熙就到美工区取了两张纸，一番讨论后把他们组需要的工具和材料都画了下来，其余几组的孩子看到了也纷纷效仿。

孩子们火热地讨论着、记录着，工具、材料确定好了，那该由谁带这些工具和材料呢？孩子们求助于老师。从前期活动来看，孩子们已经有了分辨和解决问题的能力，老师便提议说：“带什么东西，你们自己决定，不过要每一样东西都有人带，而且是要家里面有的。”小毛马上说：“我带柴，我家的柴一年都烧不完，我来带。”于洁说：“我家有大垫子，你们不用带，我们一起坐。”宇轩听完便开始招呼自己组的成员写自己的名字，然后在每个人的名字后面画上了一样物品，并在第一张相对应的物品记录纸上画钩。老师询问宇轩为什么这么做，他介绍说："一人带一样，写在名字后面不会忘记，画一个勾一个就晓得哪些没有人带了。"宇轩的办法方便又实用，一会儿就完成了本组的工具安排。

问题来源于孩子本身才能更好地激发孩子调动自己的经验，开动脑筋去解决自己遇到的问题。面临问题，孩子们是能够找到最适合自己的方法的，作为教师，不要急于给孩子答案或者帮助他们寻找办法，而要有足够的耐心"等待"孩子去尝试、去学习。

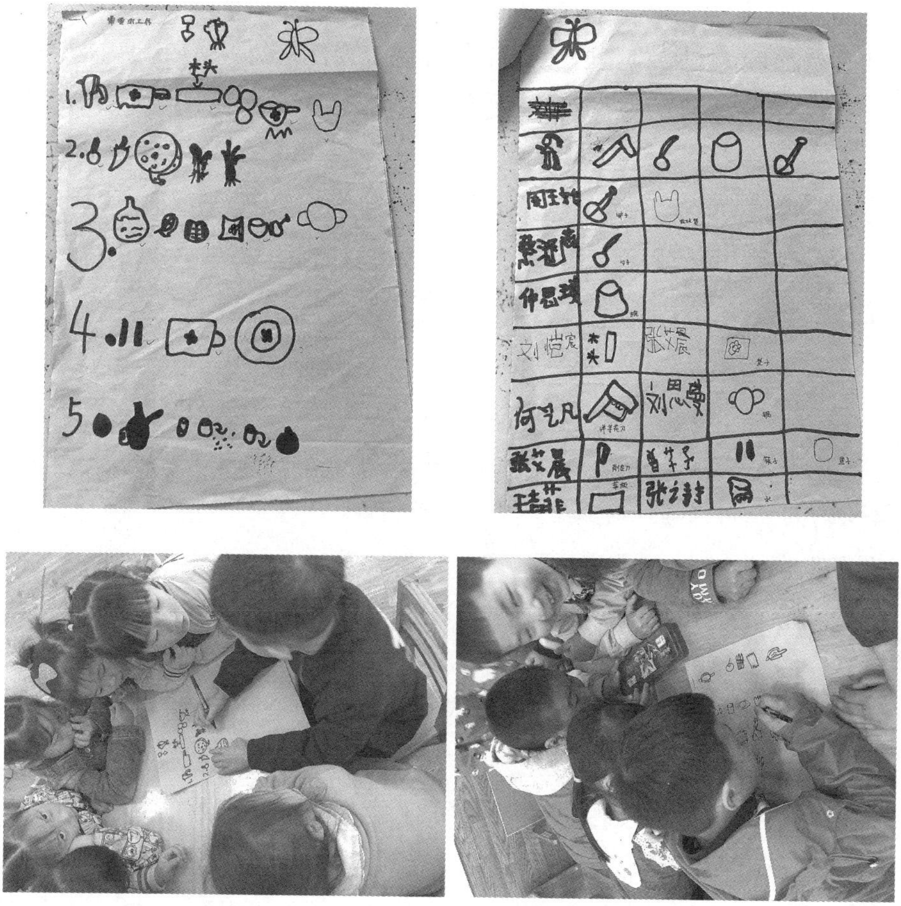

图 4　工具和材料的准备

2. 召开家长会

选择了自己心仪的职务，确定了野炊要吃什么，按照惯例，就等着老师准备好发言稿，开完家长会就可以出发了。但从前期活动来看，孩子们的语言表征能力、解决问题的能力和理性思维都有了很大的进步。在此基础上，孩子们能不能接受更进一步的挑战——自己开家长会呢？

决定了要开家长会，那么需要说些什么呢？孩子们一开始只能简单地口述：“我是×××，我要带锅，谢谢大家。”有的孩子私下说的时候说了很多，但是站到台上后就紧张地只会介绍自己了。反复了几次，孩子们就退缩了。

针对这些问题，我们进行了一次讨论：怎样开好家长会？讨论过后孩子们总结了几条：① 要微笑，声音响亮；② 介绍自己和自己需要带的工具及数量，并告诉爸爸妈妈野炊的时间和地点；③ 在路上要注意的事情（比如不乱扔垃圾、带上自己的水杯等）。梳理清楚要说的内容，孩子们再准备时就容易很多了。

但每次说的时候，总有些孩子会有些紧张，会忘记内容。但他们有丰富的做计划的经验，马上就找到了解决办法：“我把它记下来算了。”孩子们便开始准备发言稿。

3. 不会写字怎么办

区别于做计划，发言稿是需要对照着念的，对孩子来说难度更大。所以在准备的时候孩子就很苦恼，因为好多字不会写。表征能力强的孩子就建议：“不会写的字，可以画。”这真是一个好主意，孩子们马上开始了“画+写”属于自己的发言稿。

在这个过程中，孩子调动了自己的一切经验。“大家好”，先把会写的“大”字写上，“家”用“+”号代替，“好”是两只手鼓掌的动作。雨铮是“大王”，他的发言稿需要告诉大家一些事情，比如要按时到集合的地方、遵守野炊的规则等。其他的都好表现，可“规则”二字，该如何表现呢？雨铮求助于老师，老师也没有更好的办法，只是提示孩子：“能不能用其他东西来代替呢？”他灵机一动，将“规则”用“龟折”来代替，龟是乌龟可以画，折是折纸也可以画。问题得以解决，雨铮掌握了这种替代的表征方法，并告诉给了周围的朋友。孩子们从不会表现到熟练地用图文并茂的方式记录，表征能力在实践中大大提高。

图5　开家长会

经过一周的精心调整与准备，孩子们圆满完成了这个史无前例的挑战，顺利地开了属于自己的家长会。很多家长都不敢相信："我的娃娃还可以嘛！"

4. 计划菜单买菜

做好相关的准备，孩子们开始计划自己那一组所做美食需要的食材，因为幼儿园每周都有一次自理小厨房活动，所以大家对此很熟悉，轻车熟路地画下了所需要的食材和具体的斤两。孩子们兴致勃勃地讨论着，老师："这些东西谁去买？"有的孩子提议说请爷爷奶奶帮忙，但生活经验更为丰富一些的孩子主动说："我们自己去买，反正菜市场离幼儿园很近。"对呀，菜市场离幼儿园只有一条小街的距离，孩子们听了便跃跃欲试，叽叽喳喳地分享着自己和家人去买菜的经历。

趁着孩子们正在回忆，老师追问道：“那我们小朋友去买菜需要注意什么？”

“要注意安全，过马路有点危险。”

“要紧紧跟着队伍，不能乱跑。”

“财神要把钱管好，菜市场有小偷。”

“要和老板讲价，越便宜越好。”

孩子们分析得头头是道，老师继续提问：“那我们全班40多个人一起去吗？”

“一组一组地去吧，人多老师看不过来。”

“对，一组一组去，不然过红绿灯时间不够。”

孩子们调动了自己的生活经验，确定了注意事项，便带上菜单出发买菜了。

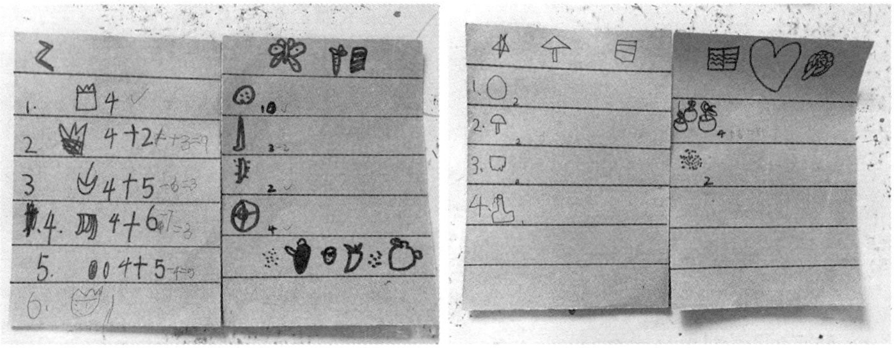

图6　菜单

到了菜市场选好菜，老板称重时，孩子们又发现了问题：因为自己对斤两不了解，所以实际需要与计划的斤两不符合。特别是调料，一开始计划要三斤葱，老板称出来一看三斤葱比土豆还多。这可怎么办呢？峰峰见状对身边的同伴说：“不然我们少要一点，太多了不好吃。”同伴拿着菜单有点为难地说：“不是之前商量好的买三斤吗？”几个孩子凑在一起嘀嘀咕咕了一会，问老师：“可以调整一下吗？”“当然可以。”孩子们便在秤上将自己觉得多余的葱拿出来，一直到孩子们觉得差不多合适了，老板再称重，刚好一斤。

洋洋看着菜单说:“我们写三斤,结果买一斤。”

暄暄接着说:“那要改一下,不然钱不对。”

“怎么把 3 变成 1 呢?”

“在后面减 2 不就剩 1 了吗?”

孩子们你一言我一语,集思广益,调整了具体斤两,顺利地将菜买回了幼儿园。后面的几组孩子也在称重中不断调整,每种材料都买得非常的适合。在整个过程中,他们又对抽象的斤两与具体的事物有了更为直观的感受。

图 7　菜场买菜

去野炊

1. 环保小达人

一大早,孩子们就背上自己的工具早早到了集合地点,排着整齐的队伍来到野炊目的地。孩子们和家长们有条不紊地开始搭灶生火、包饺子、削土豆等,活动如火如荼地开展着。

可是,没一会儿就有几个带着环保袖标的工作人员来我们野炊的周围巡逻,并不断地提醒孩子们不用的东西要带走,不能随便留在这儿。孩子一再向工作人员保证:“阿姨,我们的垃圾都会装在垃圾袋里的。”环保工作人员好像还是很不放心。孩子们有些疑惑地问老师:“孙老师,他们是谁? 为什么总是来提醒我们?”老师告诉他们这些人是环保工作人员。野炊结束回到幼儿园后，我们对此组织了一次“环保工作人员为什么来”的讨论，并开展了与“环保”相关的集体教学活动。孩子们查阅资料、看视频并结合野炊活动，深刻感受到了保护环境的重要，并了解了许多保护环境的办法。

2. 我的野炊日记

野炊活动结束了，孩子们还意犹未尽地讲述着他们在野炊中的趣事，因为有了之前写家长会发言稿的经验，孩子们在餐后活动时便主动将有意思的事情记录下来，还告诉老师“这是我的日记”，并滔滔不绝地向身边的同伴讲解。日记是记录生活的一个好方法，孩子们便开始了“我的野炊日记”。

“大家好，我是星星队的黄芷萱，我们去野炊了，我非常的开心。那里有山有绿草，很漂亮，那里的水很清亮(干净无瑕)，所(锁)以(蚁)我还想和同伴一起去野炊。”

在孩子的日记中，我们再次惊叹孩子迁移经验的能力，他们把自己想说的内容进行了准确的记录，孩子真正在生活中学习，在生活进步。

图8　野炊日记

孩子是在做、在行动中获得经验，得到相应发展的。孩子的“做”包括了观察、探索、发现、表达、记录等。只有对生活抱有好奇和探究精神，才能真正感受生活的乐趣。

教师的感悟

从准备去野炊到出发去野炊，历时了两个多月，我们开展了许多活动，比如列计划和做表格，在出发买菜之前做菜单，等等。在这些活动中，作为教师也有许多收获。

我们要善于把握生活中的教育契机，将“勤于动手、乐于做事、自理自信”的课程理念落实于活动过程中，让孩子在行动中学习，在行动中感受，在行动中发展。“在生活中学习，在学习中生活”，孩子不仅解决了野炊活动中的一个个问题，还迁移利用了自己的生活经验，在坚持、合作中，不断学习如何面对困难、解决问题，这也正是“生活即教育”的内涵所在。

所谓幼儿园课程就是幼儿自己的课程，幼儿自己的意愿、自己的兴趣与需要、自己的选择与尝试造就了生活化的“幼儿园课程”。

专家点评

在"野炊！野炊"文末，孙老师写道："幼儿园课程就是幼儿自己的课程，幼儿自己的意愿、自己的兴趣与需要、自己的选择与尝试造就了生活化的'幼儿园课程'。"孩子们从准备去野炊到出发去野炊，历时了两个多月。在这个过程中，孙老师很能够沉得住气，让孩子们自主做出决定，遇到问题自己想办法解决。

野炊活动的开始，孙老师就让孩子们自己决定要去哪里烧火做饭，把选择的机会交给孩子自己。

在野炊的筹备过程中，孩子们遇到很多的问题，包括对管钱的称谓不统一；谁来承担小组的五个职务；野炊需要带什么工具，谁来带；如何开家长会；如何能够在家长会上不忘记自己打算说的话；如何计划买菜；等等。孙老师敏锐地捕捉到这些问题中的成长价值，把问题抛给孩子，让孩子们共同面对。例如，在野炊分组的时候，孩子们的意见不统一，有孩子质问"我为什么要听你的"。孙老师抓住这个问题，让孩子们想想看小组是否需要有人管理，最后孩子们经过讨论、权衡后决定要在队里选出五个人，一个管事情，一个管钱，一个管物品，一个管卫生，一个管大家安全。确定好了队里面需要的五个职务，孩子们觉得"管钱的"很不好听，孙老师又组织大家共同讨论该取个什么名字，让大家投票表决确定称谓。

"野炊！野炊"课程活动沿着野炊组织的过程，依照着孩子们遇到的问题依序开展活动来回应和解决问题。孙老师的可贵不只在于她将问题转换为儿童成长的动力，更在于在解决问题的过程中，她始终在倾听孩子的意见、在尊重孩子看法的前提下推进活动。当老师相信孩子具有解决问题的能力的时候，我们的确看到孩子们呈现出了巨大的潜力。

（四川师范大学　彭俊英）

嗨，城中实验小学

江苏省江阴市城中中心幼儿园　刘剑莺

持续时间:2018 年 3 月至 2019 年 6 月

年龄段:大班

缘起：向往小学，我们有很多的为什么

对面小学操场上丰富的活动常常吸引孩子们驻足张望。仔细倾听他们的交流,发现孩子们虽然对小学生活产生了向往,但也有对未知生活的忐忑。

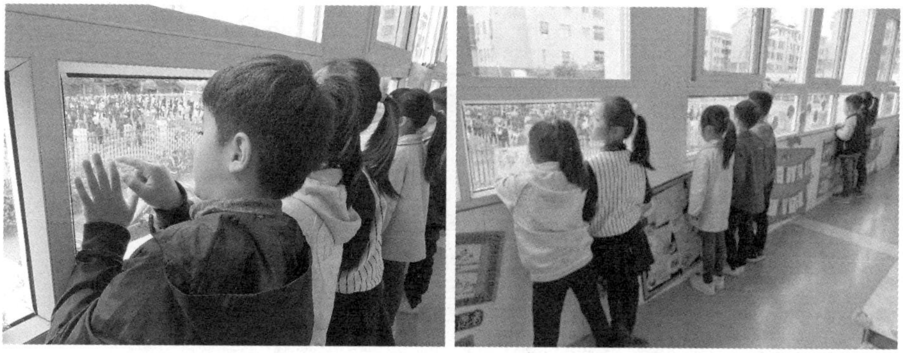

图 1　小学操场好热闹

大班课程中,要求教师做好幼小衔接,无论是在孩子的心理和能力上都要为大班的幼儿做好入小学的准备。那么,大班孩子对小学的兴趣点和问题是什么?如何拓展、提升孩子的经验(知识、能力、情感)?如何让孩子进行自主探索、深度学习?孩子如何呈现自己的探究过程和思维方式?于是,我尝试从儿童的视角入手,用新的资源观和孩子一起开展了课程“嗨,城中实验小学”。

1. 一次与众不同的课程审议

不是所有的资源都是课程,真正的课程资源是要建构幼儿的经验,真正发

挥教育的价值和意义。幼儿是课程的主体，他们需要的不是冷冰冰的文本，而是一系列源源不断的、引人入胜的活动；他们讨厌端坐聆听，更加喜欢去探索、交往、体验和感受。因此，老师把决定权还给孩子，组织孩子们展开了一次特别的课程审议。

“我们可以研究小学的操场，测量下，它到底有多大。”“我想知道哥哥姐姐在小学里到底学什么。”“我想研究小学生的书包。”“老师，我们可以去小学里看看，他们的教室和我们的一样还是不一样。”

这是一次与众不同的课程审议，虽然发起人是老师，但是真正做决定的是孩子。我们渐渐坚信，探寻孩子的兴趣就是儿童视角课程的核心。因为相信孩子，所以整个审议过程中老师专注于倾听，怀着包容的心态，鼓励他们畅所欲言，把矛盾、冲突当作发展机会，让孩子们不断阐述理由，这不仅让老师真正了解了孩子的兴趣和已有经验，从而做到真正地去尊重孩子们的决定，更是让孩子们不断明晰了自己的学习目标。

图 2　和孩子们一起进行课程审议

2. 竟然有这么多的为什么

随着审议不断深入，孩子们的问题越来越多。悦悦说：“小学生几点到校?”菲菲关心的是小学里学什么本领。嘻嘻则是很担心:“小学教室和我们的一样吗? 小学老师凶吗?”默默问:“小学里怎么吃饭?”还有的孩子问:“哥哥姐姐的书包有多重? 比我重还是比我轻呢? 我能背得动吗?”小包包的问题有点与众不同:“这个城中实验小学什么时候造出来的? 它有几岁了?”摸着下巴,俨然一副小学者的样子。每个孩子的问题都不一样,而这些问题恰恰就是他们日后探究的内容,因此老师建议他们把各自的问题记录下来。

图3　我们的问题

满足好奇心，初探小学

1. 第一次走进小学

孩子们把问题卡张贴到了墙上,这引发了孩子小小的兴奋。因为这是他们第一次有这么明确的探究任务,况且这些任务都是自己决定的。我们经过讨论再一次确定要走进小学,通过实地参观来找寻答案。“哇,小学生要上这么多体育课啊!”当我们走进体育墙,不约而同又发出惊叫。这时候他们才知道原来小学的体育课上要进行跳绳考试,男孩子要跳 170 个才及格,他们也是第一次听说坐位体前屈这个项目。

走到教室门口,孩子们自觉安静下来,因为教室里传来了朗朗的读书声。他们轻轻地走近,趴在窗户边,发现一(2)班的哥哥姐姐正在上英语课。这时,下课铃声响起,老师们拿着书本从教室里走了出来。小学的操场上由于我们的加入更加热闹了,有的孩子还大摇大摆地走进了教室。

图 4　自由参观,找寻答案

2. 答案大揭晓

回到幼儿园,老师鼓励孩子们把自己找寻到的答案用自己的方式记录下来,并进行了“答案大揭秘”分享活动。悦悦和大家分享道:“我看到了小学生的课程表,他们是 7:40 就要上学的。”“他们的教室和我们的不一样,哥哥姐姐是一排排坐的,一人一张桌子。”“我还看到教室里有两块黑板呢!我们幼儿园没有,只有电视机和小黑板。”“我发现他们小学生自己带餐巾纸共享的。”“你怎么知道的?”炀炀说:“因为有个小哥哥带我到教室里去的。”他的一番话引来了很多羡慕的眼光。“他们还做眼保健操的。”饭后自由活动时,很多孩子还用橡皮泥做了他们看到的篮球架和课桌呢!

当孩子聚焦问题后,实地参观是获取经验的最直接的方法。但是,这次的参观和以往外出走走说说不一样,因为每个孩子都有着学习的任务,他们为自己的发现而高兴,也时时刻刻与同伴分享着惊喜。

在自主寻找答案的过程中,孩子不仅学会了观察和比较,不断明晰自己的学习目标,获得了个性化的经验。老师没有整齐划一的讲解,放手让孩子自由发现和观察,满足每一个孩子的好奇心,让他们学会观察和比较。

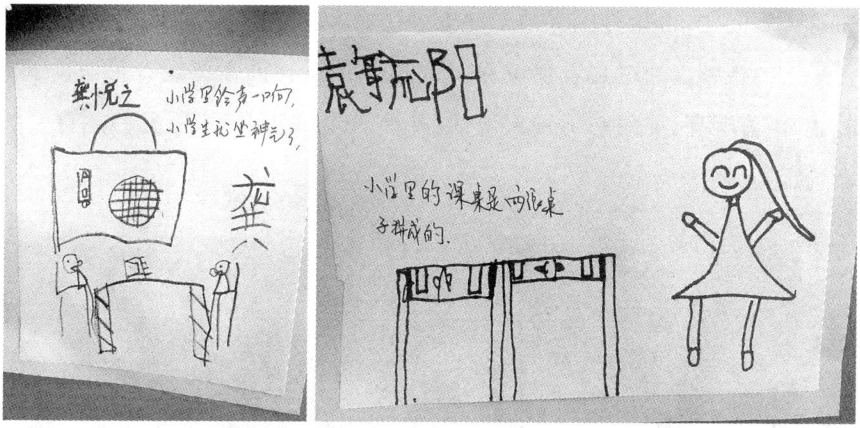

图5　记录找到的答案

小记者生成记

1. 第一次采访失败了,制订“小记者约定”

当孩子们把初探小学后发现的答案画下来,并张贴在问题墙上后,这才发现还有很多问题其实还没找到答案。老师:“为什么这些问题没有答案呢?”孩子们说:“因为我们没看到。”“对哦,像城中小学有几岁了,这样的问题是看不到的呀,那怎么办呢?”老师也装出很疑惑的样子追问。宇宇说:“我有办法了,我们去问。”乐乐说:“那就是小记者啦!”宇宇点点头:“是的。”“做小记者这个主意真棒!”老师肯定了他们的想法,并再一次和他们来到了小学。恰巧操场上有几个老师,还有两个小学生在检查纪律做记录。宇宇走上去,挠着脑袋,用很小的声音问道:“老师,你们有几节课啊?”被问到的老师愣了愣:“什么意思?你再说一遍吧。”宇宇不好意思地笑了笑,欲言又止,似乎不知如何开口。

回到教室,老师问宇宇:“我看到你还去询问老师的,你问到了什么?”宇宇挠了挠头,羞涩地说:“我有点不好意思,声音有点轻,老师说听不懂。”我点点头:“没关系,我理解,突然去跟陌生老师交流是件不容易的事情。”彤彤说:“我采访了一个姐姐,不过她们说的不一样,我忘记了。”“这次采访为什么会失败呢?”我向大家抛出了一个问题。“因为我不知道怎么问。”宇宇说。老师:“原来,小记者要知道自己采访的问题。”“我们都没好好听,都在抢着说。”

……这么多问题,恰恰是因为他们缺乏采访经验。于是,老师找来了一段记者现场采访的视频。通过观看视频,孩子们知道了采访前需要设计采访提纲,要有礼貌,声音响亮,要耐心听别人说话,并要表示感谢。于是,我们制订了“小记者约定”。

图 6　第一次采访失败了

图 7　一起找采访失败的原因

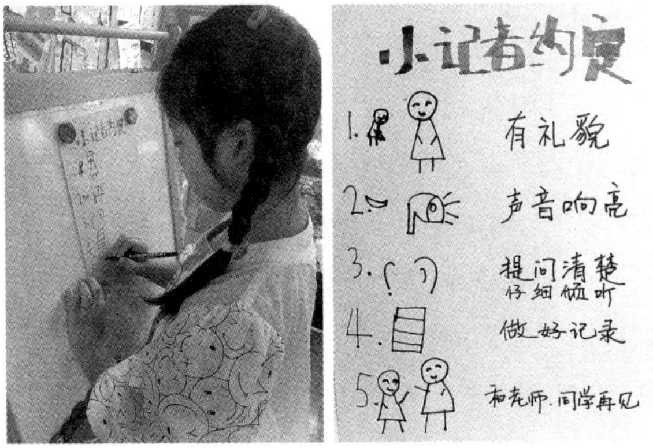

图 8　小记者约定

2. 制作采访单和采访证,成立城中记者小分队

“我觉得我们要好好准备采访的问题。”“我们还要把这些问题画下来,省得一会又忘记了。”“还需要一个采访证,就像电视里的那个记者叔叔一样。”孩子们通过讨论,一致认为,需要制作采访单和采访证。说干就干,他们自由分组,五六个孩子围在了一起。当老师走到君君一组时,发现他们已经选出了一位组长。老师:“你们怎么还有小组长的呀?小组长怎么产生的?”君君自豪地回答："他们选我的，都同意我当组长，组长要负责画采访内容的。"烨烨一组五个女孩子围在一起，她们没有小组长，而是你画一个问题我画一个问题，轮流提问。阿宝一组有点热闹，一直在为谁来画采访单而争执不下。小包包说："我不同意你当组长，因为你以前做组长时不听我们的。"彦彦也不肯相让："我也不同意，我觉得我可以做组长。"这一组以男孩子居多，却又互不相让，这下僵住了。与人交往时，强势的几个凑在一起，总会出现这样的情况。再等等看，他们会怎么解决呢？彦彦说："你们选我吧，因为我很会画画的，我还会写字呢！"他的理由充分，获得了大家的支持。"好的，我们同意彦彦做组长。"阿宝不情愿地说了一句："那我就当副组长吧。""阿宝，你一会儿当采访员吧！""好！"就这样，每个小组用不同的方式完成了采访单和采访证，大一班九个记者小分队就这样在磕碰中成立了。

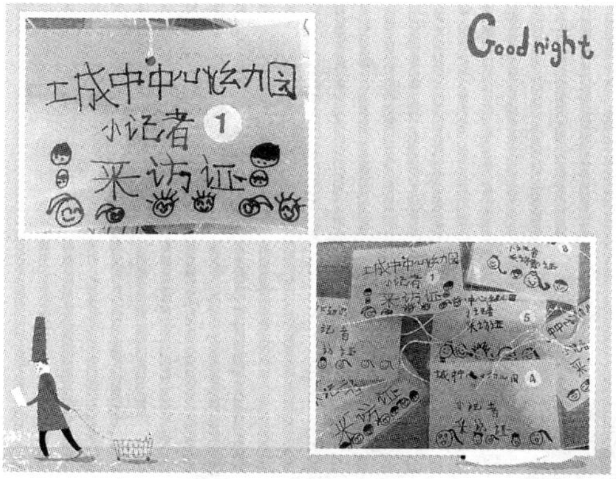

图 9　制作的采访证

图 10　成立记者小分队

3. 小记者的现场

小记者们已经自由分工好，确定了谁当采访员、谁当记录员，于是我们一行来到了二(2)班。二(2)班的包老师热情地接待了我们，她似乎早有准备。原来，在前一天老师就和包老师取得了联系，并告知她今天我们小记者此行的目的。包老师特意空出了自己的语文课，并让小学生们把桌面收拾干净，选出了四个小老师接待我们。九个小记者分队走进教室，遵守着小记者约定，非常礼貌响亮地打招呼："哥哥姐姐好！老师好！"兜兜小记者非常大方，她们一组来到一个小学生面前，响亮地问道："哥哥，我是小记者金益多，我有个问题采访你一下。请问你们小学生一天有几节课？学些什么本领啊？"小哥哥回答说："我们一天有六节课，上午四节，下午两节。"旁边的子沁马上把这些结果记录了下来。兜兜又问："那你们要学些什么本领啊？""我们学的可多啦，要学语文、数学、英语，还有笛子、美术。我们语文课还要写作文呢！"锡锡摸摸脑袋："什么是作文啊？"只见小姐姐拿出了作文本，对着他们朗读了起来。土豆一组在教室外遇到了老师，他大方地迎上前问："请问，你们的厕所在哪里？"顺着老师的指引，他们找到了厕所。土豆在现场就做了报道："这是小学生厕所，分为男女两个，而水龙头是在外面的，你们看，水龙头只有三个，上面还贴上了班级。这里没有毛巾和肥皂，可能我们幼儿园里的小朋友更讲究卫生哦！"四位小老师还给我们讲解了上小学的一些注意点呢！

图 11　小记者分组采访

4. 统计：小学和幼儿园大不同

历经了一个多小时的采访，记者小分队终于完成了任务。分享采访结果的时候了，我们发现，每一组都用自己的方式记录下了自己的结果。学些什么本领，他们就用本书表示；用 1+1 表示数学课，用 ABC 表示英语课。"城中小学有多少岁？"这个问题有好几个答案，有的采访结果说是 100 岁，有的采访结果说是60岁，这下怎么办呢？“上网查查不就知道啦！”于是，在孩子的提醒下，我们上网查询到了正确的答案。把这些结果汇总在一起，我们居然找到了小学和幼儿园的15个不同的地方。比如小学幼儿园地址不同、学习的本领不同、教室不同、厕所不同、上学时间不同、午睡方式不同等。

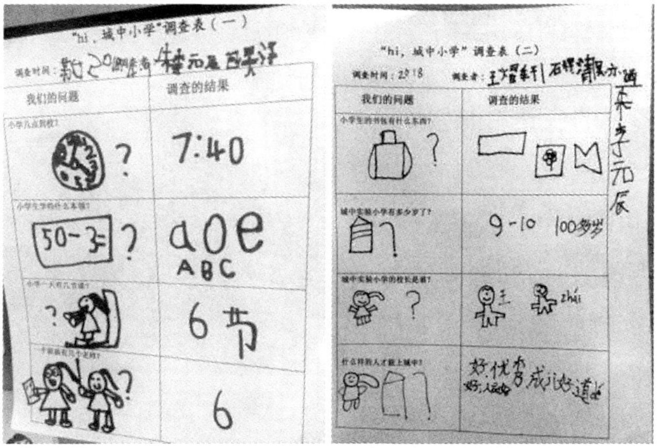

图12　我们的调查结果

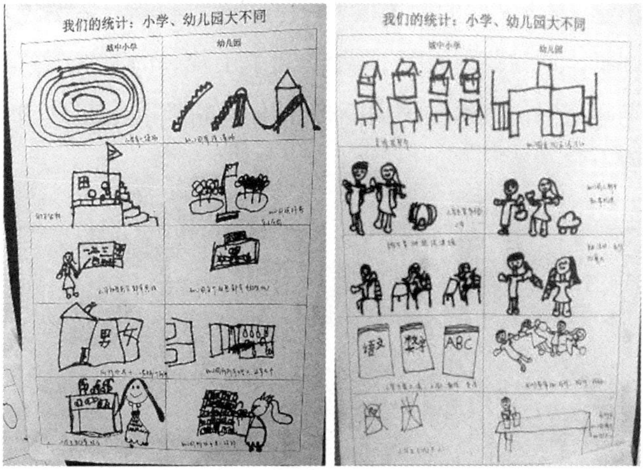

图13　我们的统计：小学幼儿园大不同

给王校长的一封信

还记得土豆小记者在现场播报的关于厕所的报道吗？他不仅发现了小学

厕所和幼儿园厕所的不同,还发现了水龙头只有三个,没有肥皂和毛巾。这个报告发布后,孩子们一致认为,这个有点不卫生,因此有人建议要给王校长写封信。老师非常赞同孩子们的主意,可是这个信怎么写?写什么呢?锐锐说:“不能光说不好的,我们也要说点好的呀,这样才有礼貌。”默默说:“我会写拼音,不过只会写一点点。”阿西说:“彤彤会写很多字,让她写吧。”对啊,每个孩子都有各自的表达特长,何不让他们用自己的方式每人来写一句呢?因为写出的信,是代表大家的心声的。在孩子为难的时候,老师的建议很快获得了他们的响应。由于孩子有给妈妈写信的经验,因此我们写信非常顺利。大家你一句我一画地写道:亲爱的王校长,您好!我们是城中中心幼儿园大一班的小朋友。我们很喜欢城中实验小学,因为你们的操场很大——如果你们能多装一点水龙头,再添点肥皂就更好了。这封信,孩子们亲手交到了王校长的手里,并很快收到了他的回信。当老师把回信读给孩子们听时,他们兴奋地跳了起来,兜兜说:“我们的信真是没有白写。”

图 14　用自己的方式合写一封信

图 15　给王校长的信

图 16　给王校长送信

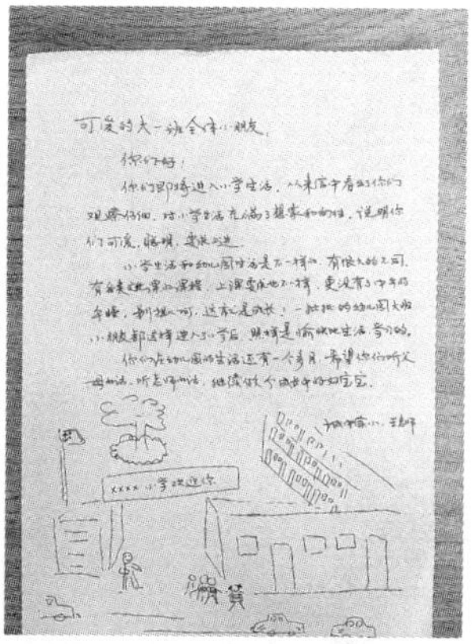

图 17　王校长的回信

探秘小书包

1. 哥哥姐姐的书包好重呀

孩子对知识的理解和掌握，不取决于是否熟记信息，而是看孩子有没有自主去探索、思考和尝试。因此，我们设立了“小学生体验日”。体验日中，孩子们走进小学，在早操、如厕、学本领等每个环节真正体验到了很多与众不同的感受。尤其是体验背书包活动，他们又有了新的感受与问题：“呀，书包好重呀，我直不起身来啦！”“里面到底装了什么呢？怎么这么重？”在征得小老师的同意后，我们小心翼翼地打开了书包，原来书包里有书本、字典、水杯、跳绳、红领巾，怪不得这么重呢！他们都感叹道：“做个小学生真是不容易啊！”第二天，孩子们把自己的小书包也背到了学校，里面装上了哥哥姐姐一年级的书、笔盒、本子，因为他们觉得背着书包来上学，才能算得上一

图 18　小学生体验日

个真正的小学生！

图 19　书包里面装些啥

2. 书包里的学习用品

在上次的小学生体验日后，孩子们不仅自己学着哥哥姐姐的样子，天天背着书包来上学，俨然一副小学生的样子，而且还自己尝试用各种材料，用折剪画捏等不同的方式做出了不同的书包。过了几天，他们又有新的问题了：“怎么有这么多笔？笔是谁发明的？”“古时候的人用什么写字的？”“这个橡皮怎么是电动的？”于是，我们把研究点转向了学习用品。可是每个人的兴趣点不一样，大家怎么研究呢？这倒是个问题。不过没关系，我们还是通过商量讨论的办法来解决。轩轩建议说：“我们分组啊，研究一样的人在一起。”“每个人把自己想要研究的问题写下来，然后就可以分组啦！”既然大家都认同分组，那就说干就干。孩子们把自己想研究的问题记录到了纸上，最后，老师把他们的问题进行归纳，大致分成了四组。接下来的几天，总是见到一组的孩子聚在一起，商量着、写着、画着，有的小组还带来了好多文具用品。锡锡是研究笔的，他的想法获得了妈妈的帮助，顺着他的思路，妈妈帮他制作了关于“笔的知识”ppt。他们一组就只要锡锡一个人来发布就行了吗？别的人做些什么呢？因此老师提醒他们，这是小组合作，每个人都要起作用。他们点头表示明白。发布会的日子到了，只见他们一组四人走到前面，对大家介绍：“我叫锡锡，我是主要发言人。”“我是土豆，我是进行补充的人。”“我是小螃蟹，我给大家展示

ppt。”怀怀说：“我给大家拿不同的笔。”我顿悟，原来他们的合作方式是这样的，合情合理。在发布过程中，锡锡不断与小朋友互动，从他们最喜欢的笔是什么，介绍了我们常见的笔、古时候的笔、钢笔的演变，最后说到了现在高科技的笔。研究橡皮的小分队，准备了各种各种的橡皮，利用调查表的方式，对“铅笔头橡皮、电动橡皮、普通橡皮、香橡皮”进行了一个大调查，大家也知道了不同橡皮的优缺点。

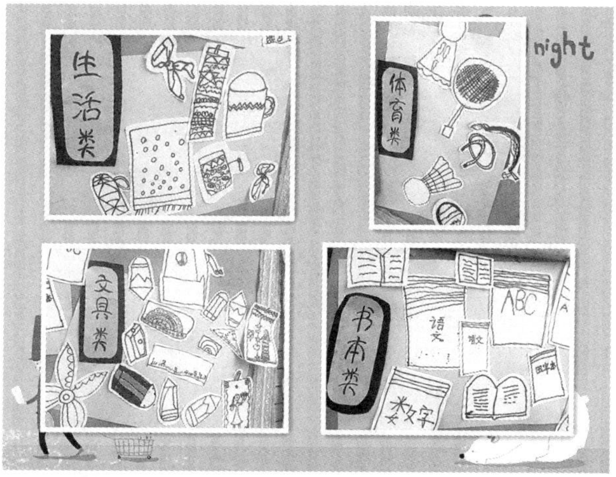

图 20　书包里的物品分类

图 21　成立学习用品研究小分队

图 22　分工研究、发布各种各样的笔

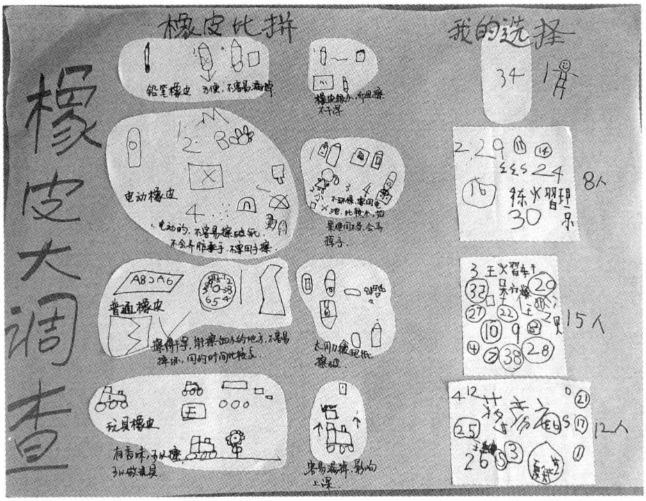

图 23　橡皮研究小分队研究的成果

一张特别的地图

1. 我的家庭住址小调查

小记者团曾经有一个问题是这样的:"什么样的人才能上城中实验小学?"对这个问题,他们采访到的答案是五花八门的。有的说聪明的,有的说要善良的,有的人说要 7 岁的人才能上城中小学。为了弄清答案,他们再次来到小学老师的办公室进行了第二次采访。老师告诉他们,只有在学区里的人才能上城中实验小学。"什么是学区呀,我们怎么听不懂?"怀着深深的疑虑,老师开始思考:怎么做才能更好地支架他们的发展呢?直接把答案告诉他们吗?教师的作用不是直接帮助幼儿解决问题,而是在必要的时候为幼儿搭建支架,提供关键的支持。那么究竟在什么时候搭建支架?"孩子已知与未知,能胜任和不能胜任之间正是幼儿的需要之所在。"于是,我给每个孩子发了一张"我的家庭住址"调查表,在爸爸妈妈的帮助下进行收集。嘻嘻妈妈和土豆妈妈送来了江阴市地图,老师让孩子们不断研究地图,先找找自己的幼儿园、城中实验小学,找找自己去过的地方,最后找到自己的家,并把自己的学号贴在相应的位置上。然后,按照江阴市各小学区域分布说明,用红笔圈出了城中实验小学学区范围，这下孩子们明白了，在红色圈中的孩子以后就能按规定上城中小学了。在这个活动中，孩子对方位产生了概念，知道了地图上上北下南，左西右东的方位概念。接下来的几天，他们在地图上找到了江阴的著名景点，并在上学期建构江阴一角的基础上继续进行建构。

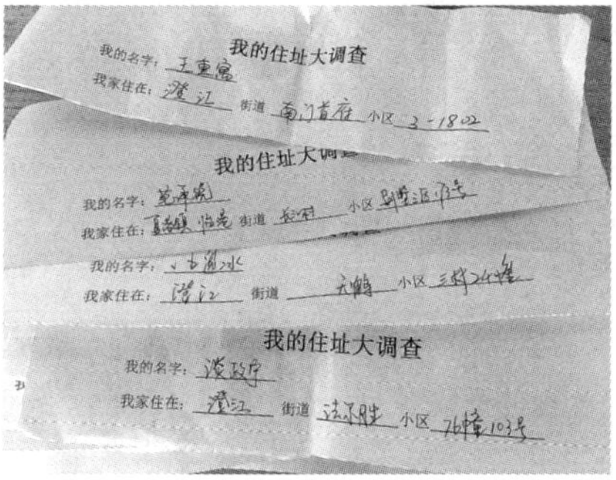

图 24　地址大调查

图 25　学区分布图

图 26　在地图上找家

2. 原来我不上城中实验小学啊

很多孩子有点沮丧，因为自己不在那个红圈里。他们经历了对城中实验小学的期盼、探索，对城中实验小学产生了更强的向往，但老师偏偏在这个时候用红色的圆圈残忍地告诉他们不在学区内。做这件事之前，其实老师的内心也非常纠结：这对孩子是不是一种打击呢？但是转念想，我们的教育面对的是真实，而在这个时候是否可以用一种途径让孩子从失落的心情转向对上学更长久的期盼呢？于是，老师出示了另一张地图，这张地图上标有江阴市所有的小学,每一个不属于城中实验小学学区的孩子,老师都指出其相应的学校。此刻,孩子才恍然大悟:原来江阴还有那么多别的小学啊!老师还鼓励家长趁着周末带着孩子去校门口看一看,合个影。

图 27　介绍自己学区内的小学

3. 朋友们,以后我们不在同一个小学啦

孩子们知道了现在的小伙伴以后就要分散在不同的小学了,有的已经开始难过起来了。“我以后再也见不到你,会很想你的,怎么办?”“我们以后要分开了。”很长一段时间里,班里被这种离愁深深地笼罩着。老师提供了一张联系卡,对他们说:“我这里有张友谊练习册,如果你想让朋友记住你的话,你可以把你们的电话和心里话写下来,送给他(她),以后可以多多联系哦。因为不管走到哪里,有了联系大家还可以做好朋友。”孩子们纷纷把自己的联系方式留了下来,并写了长长而温情的心里话,表达了自己的不舍与美好愿望。

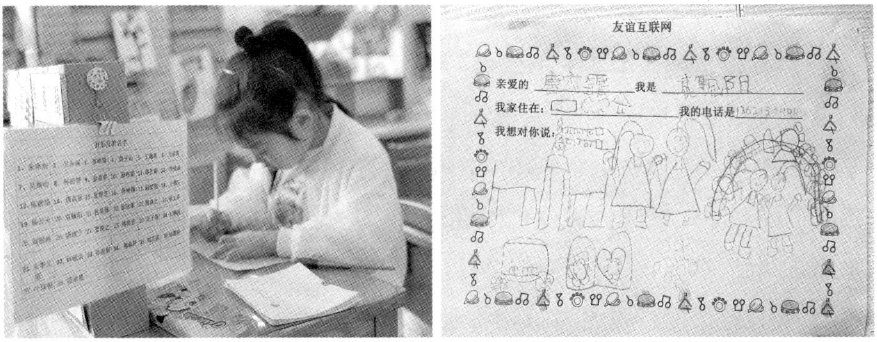

图 28　要分开了,给好朋友说点心里话

教师的感悟

在课程游戏化不断践行的今天,我渐渐明白:课程是幼儿和教师一起进行的一段美妙旅程,是引发幼儿进行有意义学习的载体,是幼儿自主连续地建构自己已有经验的过程。无论在课程内容和组织策略上,要尊重幼儿的需要和兴趣的事物进行价值判断,追随孩子的脚步,搭建学习的支架,激发每个孩子的潜力,使探索不断深入。因此,我们要真正地蹲下身来,用儿童的视角随着孩子们的脚步,一起踏上更为开放、真实、具体、生动的课程之旅。在这个课程故事中,我利用周边的资源“城中实验小学”,让幼儿变身成小记者,在开放的环境中、真实的情境中,通过自己的学习方式,亲身体验、实际操作,不断生成“独立观察、调查统计、现场报道、新闻发布、给校长写信、探秘书包”等系列活动,从而持续引发幼儿新经验的产生。另一方面,我自始至终支持观察、价值判断,师幼共同建构了一个层层推进、环环紧扣、不断拓展的游戏历程,最终让孩子真正地了解小学、喜欢小学,从心理和行为习惯上都为“幼小衔接”做好充足的准备。

教师在课程中,不断发现、接纳、识别幼儿的经验,及时通过问题追问,使幼儿的探索不断深入。而孩子们始终在真实、开放的“小学”场景中,自由观察、发现、协商、合作、交往、记录,语言表达、解决问题等能力获得了整合性的发展。当课程真正自主开放时,幼儿焕发出极大的学习热情,他们犹如缺水的海绵,按照自己的兴趣和需要,不断汲取所需内容,是强大而自信的主动学习者。

专家点评

幼小衔接是每个幼儿园大班都会做的事情，选择参观小学也是很多老师和幼儿都会进行的活动，但是有多少参观小学的活动是来源于幼儿自身迫切的愿望，又有多少问题源于幼儿的好奇和行动？这个故事让我们看到了一个源自幼儿的主题是如何形成并展开实施的。故事中的幼儿在不断回答自己的问题过程中，展现了有能力、有自信、会交流的主动学习者形象。

幼儿园课程是实现幼儿园教育目标的手段，要能帮助幼儿获得有益的学习经验。幼儿是课程的直接参与者，选择幼儿感兴趣的主题是幼儿园课程的重要来源之一，让幼儿参与课程讨论也是生成性课程萌发的重要步骤。在此故事中，幼儿围绕“城中实验小学”提出了很多问题，这些问题便是课程实施的缘起和线索。为解答这些问题，幼儿带着各自的问题走进了小学；在第一次参观后，还有诸多问题未得到解答，幼儿再次走进小学访谈师生；在首次访谈失败后幼儿化身小记者进行有准备的访谈，最后不仅解答了自己的困惑而且发现了小学卫生间的不足，并向校长写信建议……在一次次寻找答案的过程中，幼儿不断遇到问题，通过同伴讨论、交流、分工合作，发挥各自的优势和本领，最后解决问题，幼儿展现的智慧让老师都为之惊讶。经过一番探究之后，幼儿发现小学生活与幼儿园生活有很多不同，这些不同正是幼儿对小学生活充满担忧的原因。幼儿对这些不同有所了解和接触后，形成对小学生活的向往和准备，正是幼小衔接活动的真正价值所在。

故事中的老师也是一位非常有智慧的老师，面对幼儿对小学的一系列问题，教师成功发起了探索小学的幼小衔接活动。借助幼儿的问题，主题活动得以展开和实施。教师将课程的进程交给幼儿，让幼儿主动地做事，做有意义的事情；又在幼儿缺乏相关经验解决问题时，及时采用幼儿能够理解的方式来支持幼儿的活动,特别是对“学区”的解释,教师非常有智慧地运用到了家庭住址调查和地图,让抽象的问题变得直观,使幼儿得以理解。期待每一位教师都能运用教育智慧,帮助幼儿收获一段美妙的课程旅程。

(台湾师范大学人类发展与家庭学系　王　成)

壁画诞生记

江苏省苏州市高新区狮山中心幼儿园　邹娅娟　朱筱雯

持续时间:2018 年 11 月至 12 月

年龄段:大班

缘起:墙上的颜料渍

经过一个暑期的改造,幼儿园的美术室焕然一新。宽敞的空间、丰富的材料,激发起孩子浓厚的活动兴趣。顺应着他们的发展需要,我们班增加了预约美术室活动的次数。随着活动频率的增加,各种小问题和小状况也时常出现,这也为孩子们的自主学习提供了许多契机。

一天,伴随着媛媛的一声惊呼“老师,颜料打翻在墙上了”,所有的孩子都停下了手里的“工作”,只见小睿一脸惊恐地看着墙面上红红的颜料渍,拿起抹布开始擦拭弄脏的墙面。

图 1　颜料打翻在墙上了

图 2　用抹布擦拭

“不能用布擦，颜料擦不掉的。”

“颜料要用水才能洗掉的。”

“墙不能用水洗的，墙粉会掉的。”

“用干的餐巾纸试试呢。”

“橡皮可以吗？我姐姐的沙橡皮可以擦掉水彩笔的印渍。”

…………

面对突如其来的状况，孩子们展开了自发的讨论。“你们的方法都可以去试试哦！”对于孩子们的想法，老师给予了积极的支持。于是，孩子们在美术室寻找各种材料进行尝试：湿布、干布、餐巾、橡皮……很快，他们发现这些方法并没有太大的用处。用布擦，虽然能让颜色变淡但还是能看出颜料渍；湿布擦反而让颜料渍的地方变大；用橡皮擦，墙粉会被擦得掉下来的……

各种方法都尝试失败后，孩子们有些垂头丧气。此时，老师给予了支持：“或者我们可以回家问问爸爸妈妈，有没有什么好办法呢？”接受建议后的孩子们重拾了信心并相约明天交流自己找到的好方法。

《指南》中提出，要珍视游戏和生活的独特价值。幼儿日常生活中的各种“小意外”蕴含着丰富的教育契机。教师要善于及时捕捉和利用这些“小意外”去引发幼儿的活动，为他们的自主探究和深度学习创造更多的可能。面对孩子们制造的颜料渍的小状况，我们及时把握了这一教育契机，支持孩子们运用已有的经验来解决问题，并在实践的过程中发现问题，尝试解决问题，为探究活动的深入开展与新经验的建构创造了机会。

颜料渍变花丛啦

1. 怎么去掉颜料渍

第二天来园，孩子们迫不及待地交流自己寻找到的好方法。有的说只要用涂料刷一下，颜料渍就没有了，但遭到了同伴的反对：涂料气味太大，来不及散味道,怕有毒。也有孩子提出可以用白色的颜料代替涂料把颜料渍涂掉……媛媛小声地提出了她的想法:"我们可以在颜料渍的地方画上漂亮的画,这样不仅好看,还不用担心颜料渍的地方遮不掉,就像我在敦煌旅游时看到的壁画一样。"

画壁画,这个充满诱惑力的想法一下子激发起孩子们的好奇心和活动愿望。"我们就在颜料渍的地方画壁画吧!"孩子们很快达成了共识,壁画的创作之旅也就此拉来了帷幕。

2. 适合画什么

颜料渍的地方可以画壁画,但是画什么比较合适呢?新的问题又引发了孩子们热烈的讨论。

洋洋:"我觉得可以画房子,或者画一座城堡。"

小雨:"可以画很多很多树,有大有小,有高有矮,就像一片森林。"

辰辰:"画马路吧,我会画高架桥的。"

"我在敦煌看到的壁画,好多都是画人和动物的。"媛媛分享了自己的经验。

"在墙上画人和动物有点难吧,不如我们来画花吧,红色的花正好可以画在有颜料渍的地方。"小睿提出了自己的不同意见。

"可以画不同颜色和形状的花,一定会很美的。"洋洋附和道。

"是的,在窗台下画好多花,就像花丛一样,肯定会很好看。"辰辰也改变了自己的想法。

壁画的内容就此确定——"美丽的花丛"。

3. 壁画谁来画

确定好壁画的内容,孩子们的创作就要开始了。班级里大部分的孩子对"画壁画"这个具有挑战的任务充满着好奇心,纷纷想要参加。但是很快孩子们发现,窗台下面可供画壁画的地方实在太小,不能容纳许多人一起画画,那由谁来画壁画呢?

有孩子提出可以让班级里画画好的几个孩子来画,但是马上遭到了大家的反对,大家认为这样不公平,许多孩子纷纷表示自己的画也很棒,也可以来画壁画的。当孩子们争执不下时，老师及时给出了建议："要不，我们来比一比吧，选出画得最好的小朋友来画。"大家觉得这样很公平，共同约定两天后进行比赛，选出小画手。

接下来的两天时间里，孩子们自发的练习活动如火如荼地展开了，他们或主动收集花卉的资料来拓展自己的绘画内容，或认真练习技能来提高自己的绘画水平，期间表现出来的积极性与主动性让我们为之感动。

图3　练习画画

两天后，默默、媛媛等五名孩子在比赛中脱颖而出，成为了此次壁画的小画手，在与同伴的共同配合下，孩子们的第一幅壁画作品"美丽的花丛"诞生了。

幼儿的学习是经验建构的过程，是新经验与旧经验进行链接的过程。在探索解决"颜料渍"的过程中，我们有意识地引导幼儿调动已有的经验来解决实际问题，从颜料渍解决方法的确定——壁画内容的讨论——选拔小画手完成壁画，幼儿通过分享经验、实践尝试寻找到了更为适合的解决方法，建构起了新经验。第一幅壁画的诞生不仅提高了幼儿发现问题、解决问题的能力，同时也激发了他们对壁画这一美术形式的兴趣，拉开了壁画探究活动的序幕。

壁画大畅想

1. 我们来画壁画吧

美术室的第一幅壁画成了大二班孩子们的骄傲，每到美术室活动时间，孩子们都会去看看"花丛壁画",同时孩子们的新需要也应运而生。

"看,墙壁上画了花丛真好看啊。"

"是的,比白白的墙好看多了。"

"美术室有那么多白色的墙,如果都画上漂亮图案肯定非常好看。"

"我也好想试试在墙上画画呢!"

…………

支持着孩子们的想法,我们班的壁画大行动开始了,孩子们以画信的形式,向园长妈妈表达了自己想在美术室进行壁画创作的愿望。在得到园长妈妈的同意后,孩子们开始行动了,但新的问题也同时出现:到底什么是壁画?以前人们为什么要画壁画?壁画可以画些什么呢?画壁画有什么需要注意的地方呢?

图 4　给园长妈妈的信

带着这些问题,孩子们开始收集各种关于壁画的资料,教师和家长支持着他们的想法,通过分享讨论、感受欣赏、临摹创作等活动,帮助孩子们逐步了解壁画的起源、种类及表现形式等,建构了一些壁画的经验。

2. 新壁画在哪里,画什么

"新壁画画在哪里最合适呢?"通过实地考察和讨论,最后大家采纳了辰辰的建议,选择在美术室二楼的北侧墙面进行创作,因为那里的白墙比较大而且和屋顶连接在一起,这样不仅可以在墙上画,还可以在屋顶上画,所有的小朋友都可以参与。

墙面确定后,"壁画画什么"又成为讨论的新焦点。

每个孩子心中都有自己想绘画的主题,在教师的引导下,选择同一绘画主题的孩子组成了小组。但最后的内容应该如何确定呢?孩子们开始了热烈的讨论。

"我们来投票决定壁画画什么吧。"童童提出的解决方法得到了同伴的认同。大家决定各小组先画出壁画的设计图，再通过投票选出最好的一幅设计图作为壁画的内容。

紧张的小组设计开始了，孩子们或专心致志埋头作画，或热烈讨论交流想法，或反复修改力求完美，或寻找资料拓宽思路，在期间所表现出来的专注、坚持、不怕困难的学习品质及协商、合作、分工等社会性交往能力让我们赞叹。

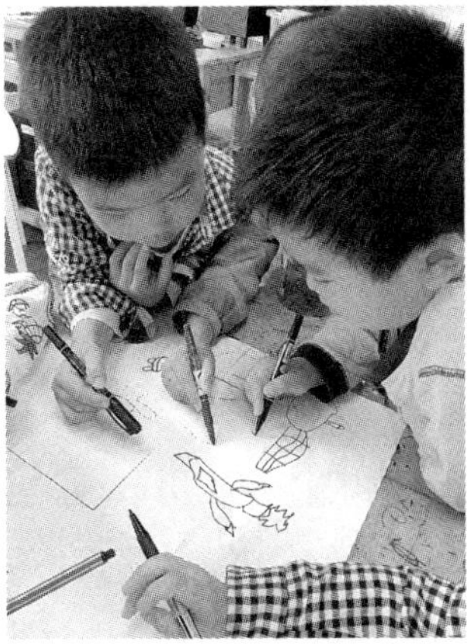

图5　设计图

设计图终于完成了，看！孩子们给自己设计的壁画取上了好听的名字，有绿色森林、神秘海底、美丽花园、漂亮城堡、宇宙太空，并通过分享交流了自己的设计意图。

绿色森林组的孩子认为绿色很漂亮，充满生命力，在他们设计的壁画里不仅有不同的树木，还有许多小动物。神秘海底组设计的是海洋，因为海洋里有许多神秘的东西，有美人鱼，有潜水艇，有小海马，还有很多小鱼，海底有沙滩，还有很多贝壳和海草，很神秘。宇宙太空组主要画的是太空，里面有我们美丽的地球，还有卫星、宇宙飞船和宇航员，在土星上还有外星人，宇宙到处都是星星。

最后，通过激烈的投票表决，“宇宙太空”壁画以二十票的优势脱颖而出获得了胜利。孩子们纷纷表示在连接屋顶的墙上画宇宙非常合适，抬头就能看到天空，而且宇宙里可以画许多的东西，比如各种星星、飞船、火箭、外星人……

孩子是有能力的学习者，教师要尊重和信任幼儿，支持鼓励他们的自主学习，努力成为他们活动的支持者、参与者和合作者。当孩子们有了进行壁画创作的想法时，我们没有因为“乱涂乱画”给予否认，而是了解并倾听幼儿艺术表现的想法或感受，领会并尊重幼儿的创作意图，助推壁画活动的深入开展。

壁画大行动

1. 我们的难题

确定好壁画内容，通过自由组队，孩子们开始合作进行壁画的创作活动。

(1) 屋顶太高了怎么办?

画屋顶的媛媛一组很快就发现了问题。三角形的屋顶两边低,中间高,原来准备的桌子高度只能画两边,中间的地方画不到,这可怎么办呢? 不同的孩子有着自己不同的解决方法。

桌椅垒垒高:桌子不够,在上面加把椅子吧! 可当小婕爬上椅子的时候,却不敢站起来了,“太高了,我有一点害怕”,小婕边说边从椅子上爬了下来。“我来吧!”媛媛勇敢地爬上了椅子。“那我来帮你扶住椅子,你画吧。”辰辰充当起了保护者。“那我来帮你拿颜料和笔吧。”小婕一边说一边把画笔和颜料递给媛媛,三个人合作解决了问题。

图6 桌椅垒垒高

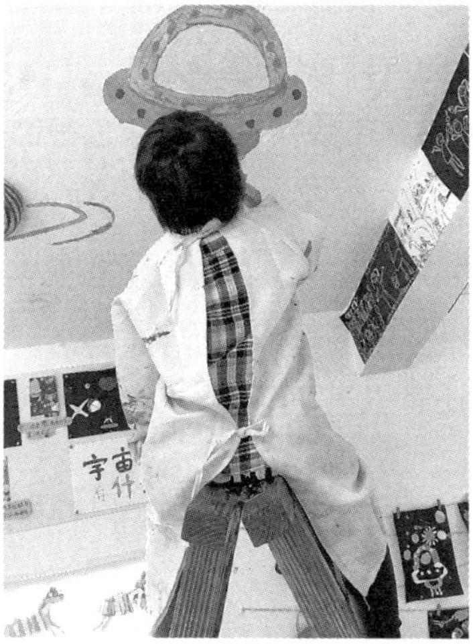

图7 用梯子

用梯子:嘉乐和萱萱去操场搬来了梯子,一个扶梯子,一个画画,问题也轻松地解决了。

长长的笔:“其实,只要找一支长一点的笔就可以画了。”身高比较高的尧尧有自己更好的方法,他拿起笔筒里最长的一支画笔,站在桌子上,开始了独自创作。

(2) 颜料滴到地上怎么办?

由于是第一次大规模的壁画创作,且大部分在顶部绘画,在绘画的过程中,孩子们很快发现颜料滴得到处都是。“你们有什么好办法吗?”针对出现的情况，老师又将问题“抛”给了孩子们。

“颜料里少加点水，干一点，就不容易滴下来了。”炜一交流了自己的经验。

“画的时候可以在颜料盘上刮一下笔。”默默也有自己的好方法。

“我们可以在地上铺上报纸，这样滴在地上也不怕了。”小于介绍了自己的想法。

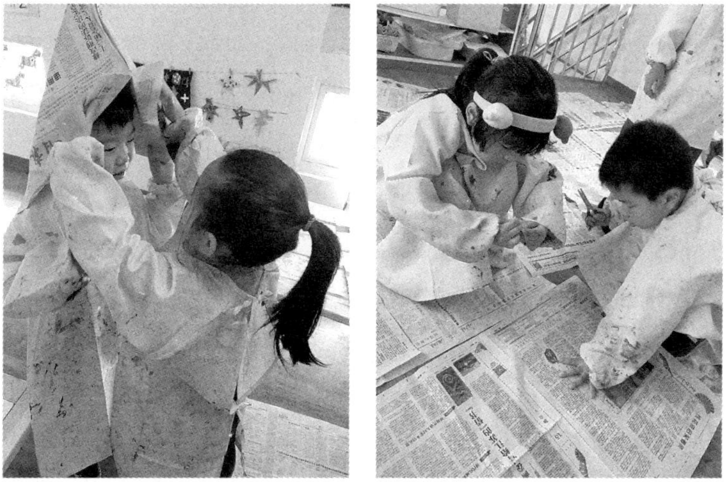

图 8　戴顶帽子，在地上铺上报纸

“戴顶帽子吧，这样就不怕颜料滴在头上了。”萱萱想出了更有针对性的解决方法。

找到好办法的孩子们开始行动了，重新调整颜料的厚度、在地上铺好报纸、戴好帽子，各项“保护”措施到位；使用正确的蘸取颜料方法，问题轻松地解决了，孩子们大胆、自信的创作活动再次开启。

2. 怎么做立体壁画

在一次画壁画的过程中，默默拿着一个保丽龙球过来，高兴地说：“老师，你看这个像不像地球？”的确，壁画除了平面的，也可以有立体的呀，于是，我将默默的新发现分享给了孩子们，没想到一石激起千层浪，围绕制作立体壁画，孩子们展开了自发的讨论：

“保利龙球涂上颜色，就是一个立体的星球。”

“用各种橡皮泥贴在圆形的纸上，这样看上去跟真实的月球表面一样，高高低低的，一定会很好看。”

“皮球的一半是半圆形的，可以做宇宙飞船的船舱。”

“可以用纸折一些星星，这样的星星就是立体的了。”

“星星还可以用线挂起来，风一吹就会一闪一闪的。”

“塑料的半圆形盖子，可以做宇航员的头盔呢，我们可以去找一找。”

结合讨论的内容，孩子们分头寻找各种可以进行立体壁画创作的材料，废旧的皮球、保丽龙球、树枝、纸板、折纸……通过一次次的尝试与实践，墙面上出现了立体的星球、宇宙飞船和星星。“我们的壁画越来越丰富了！”孩子们发出了由衷的感叹，对壁画活动的创作热情愈发高涨了。

《指南》中提出，要理解幼儿的学习方式和特点，最大限度地支持和满足幼儿通过直接感知、实际操作、亲身体验获取经验的需要。在第一次壁画创作过程中，我们鼓励幼儿积极参与实践，在实践中发现问题，解决问题。不论是屋顶太高不能画，还是颜料滴到了地上，抑或是如何创作立体壁画，面对这些问题我们都没有直接将方法告诉他们，而是引导幼儿通过同伴协商、经验共享、实践尝试等方法来获得答案，让他们在自主学习与探究中学会发现、学会思考、学会求证，从而形成良好的学习品质。

图9 用废旧材料制作立体的星球、宇宙飞船和星星

谁动了我们的壁画

随着时间的推移,孩子们的壁画作品日渐完善。一天,当孩子们满怀期待和干劲再次来到美术室时,眼前的情景让大家"义愤填膺"。

"是谁在我们的壁画上乱画的呀!"

"谁把我的星星涂成了绿色。"

"这里我要画外星人的,是谁把他都涂成了蓝色!"

"这里谁画了一条线呀!"

…………

看着自己辛苦画的壁画惨遭破坏,孩子们纷纷表示要寻找"罪魁祸首"。很快答案揭晓了,原来是大一班的孩子在美术室活动时,看到了壁画十分感兴趣,有几个孩子偷偷加入了壁画创作的行列,在墙上进行了尝试。了解情况后,大家原谅了大一班孩子的"无心之失",同时对"怎样保护我的壁画"展开了热烈的讨论。

萱萱:"把我们的画遮起来,这样别的小朋友就不能乱画了。"

航航:"我们可以和其他班的老师说一下,这是我们班创作的壁画,让他们的小朋友不要画。"

辰辰:“我们可以做个标记,这样别的小朋友就不会乱画了。”

童童:“可是别的班级的小朋友也想画壁画怎么办呢?”

小睿:“可以让他们去别的墙上画。”

忻忻:“如果他们也想画在我们的壁画上,怎么办?”

忻忻提出的问题带来了很大的争议,到底让不让其他班的孩子也参与到我们的壁画创作中呢?孩子们有着自己不同的想法与理由。反对方的理由主要有以下几点:

① 其他班的孩子不知道我们的壁画画的什么。

② 他们会把我们的壁画画坏的。

③ 我们班的壁画应该我们自己完成。

赞成方也有自己的想法:

① 如果别的班的小朋友一起画,我们的壁画很快就可以完成了,这样我们可以画其他的壁画了。

② 其他班级画画好的小朋友和我们一起画壁画,壁画会更漂亮。

③ 美术室是大家的美术室,其他班的孩子也应该可以在美术室画壁画。

最后,在教师的组织下,孩子们以投票表决的形式决定是否同意让其他班的孩子加入我们的壁画创作,结果让我们很欣喜,70%的孩子都能接受其他班的孩子共同参与。可见孩子们的社会性发展在此次的矛盾冲突中有了很大的提高。

大家一起画壁画

做出新决定后,孩子们的新问题也同时产生了,怎样才能让其他班级的小朋友知道可以在壁画上画些什么呢?在师幼的共同讨论和整理下,孩子们寻找到了以下的解决方法:

① 将我们的设计图贴在板上。

图 10　壁画小提示

② 在设计图上用红笔划出区域,其他班级的

孩子可以自由画画。

③ 设计图上蓝色的区域是已经完成的内容，不可以再进行画画了。

孩子们还以绘画的形式将这些内容制作成了规则牌，并在教师的带领下，去其他班级进行介绍。美术室的壁画活动从原来一个班级的活动拓展到了中大班十个班级共同参与。

在大家的共同努力下，历时一个半月的时间，美术室的大型壁画终于顺利完工了。孩子们给这幅凝聚着集体力量的壁画取了个好听的名字“星空”。

图 11 “星空”

“壁画惨遭破坏”是活动中的一个小插曲，但却蕴含着极大的教育价值，当出现这一情况后，我们及时把握了这一教育契机，并将问题的解决交给了孩子，由此引发了孩子间的矛盾冲突——我们的壁画，其他班的孩子可以参与吗？一开始不同意的幼儿较多，在经过多轮的讨论交流后，孩子们逐渐转变，最终接纳了其他班幼儿参与活动，并讨论出了行之有效的活动规则来保证壁画活动的顺利开展。期间孩子们的集体归属感、接纳能力、规则意识、合作协商能力等社会性品质得到了很好的发展。这也让我们更深刻地体会到《指南》中指出的“儿童的发展是一个整体”，一个看似艺术领域的“壁画”探究活动，促进了幼儿多领域、多方面的发展。

小小壁画师在行动

收获成功的孩子们对壁画的热情还在不断发酵。

一天餐后散步,走廊墙角处破损的墙面,引发了孩子们的讨论:

“看,这个墙上的墙粉掉了,真难看。”

“是的,里面都是灰灰的,很丑。”

“旁边的墙上也好脏呀。”

“要不我们在这里画上壁画吧,这样就看不见墙上破的地方了。”

“太好了,我们又可以画壁画了。”

…………

新的壁画创作活动再次开启,期待着孩子们带来的更多惊喜。

专家点评

故事是围绕“画壁画”而展开的。

故事最感动人的地方，莫过于孩子们的聪慧和灵性，当污染墙面的颜料渍百般无奈抹不去的时候，他们却智慧地想出“画壁画”来盖住颜料渍。我为孩子们高兴。但冷静想一想，能这样想这样做也一定是基于他们曾经的经历和经验。而孩子们的经历和经验，一定离不开成人，在幼儿园离不开老师。当我再一次去细细品读故事的时候，才发现这群聪明智慧的孩子背后，站着的是孩子们的老师！老师是孩子们的支持者、合作者和引导者。

把活动的空间还给孩子。回到故事的初始，孩子把墙面弄脏了，教师没有直接提供材料让孩子们去擦干净，而是让孩子们自己去寻找解决问题的办法(因为寻找的过程是孩子们重要的学习过程，有时比结果更重要)；而当有孩子提出用“画壁画”去代替“擦颜料渍”时，老师和孩子们一起出点子，成为孩子们“画壁画”活动的积极推动者。因此，整个活动的开展，孩子们之所以能够如此地积极和投入，是因为老师能够理解儿童，坚持为儿童而做，放手让儿童去做，或者提供支持让儿童去做。

关注孩子的心理感受。在读这个故事的过程中，我始终在牵记一个孩子：那个把颜料泼到了墙上的孩子，那个“一脸惊恐地看着墙上红红的颜料渍”的孩子。幼儿园里，我不止一次地看到过这样的孩子，因为犯了“错误”而产生各种紧张情绪的孩子。我看到过“不小心把牛奶打翻到地上，又惊恐地用手把牛奶捧起来，送到嘴里的孩子”。我当时很难过，我不知道是孩子天生的胆小害怕，还是后天的心理环境所致。这个故事中的孩子，让我想起了这些往事。不管是性格还是心理环境的原因，我想，关心这类孩子的心理成长都是教师义不容辞的责任。所以，如果教师在活动中能够关注一下这个孩子，创造机会让这个孩子承担起或者和其他小朋友一起去“画壁画”，让我们不只看到他“一脸的惊恐”的样子，还看到他在“画壁画”活动中

"一脸开心"的样子，我会觉得这会比一大群孩子去积极专注地画壁画更重要。

（苏州幼儿师范高等专科学校　张春霞）